THE BOUNDARIES OF BELIEF

信念疆界

疆界

心靈何處安歇

傳統教義的現代解讀，尋找靈魂的安寧

亨利·伍德 Henry Wood ─ 著　孔繁秋 ─ 譯

重構古典教義、啟迪自我認知、融合當代價值……
信仰與自由的對話
在動盪時代尋找永恆的心靈淨土！

目錄

前言

　　聖經從主義文學和形式主義中解放出來，這一變革影響深遠，或許現代的眾多變革所帶來的影響遠遠不及其帶來的。這項偉大工程的影響是多面性的，並且聚集了所有能推動其發展的眾多能人異士的力量。他的作者希望能給我們在精神層面上帶來實質性的幫助。在書中，他的意圖並不是破壞人們對聖經的信仰，而是深化和啟發，同時幫助人們在一個更加穩固的基礎上建立信仰。我們生活在一個動盪不安的年代，在眾多不確定中保留一個真實可信的信仰，不僅是每個基督教友的責任，也是他們的興趣和快樂所在。

　　當專家們和學者們都熱衷於參與對聖經的解說和評論中的時候，似乎聖經已經容納不下更多的解釋了。而非常榮幸地，牧師們開始重新研究聖經的內在意義。這次對聖經固有價值的尋找運動比之前的任何一次都要徹底，人們也表現得更加熱情。

　　當然，毫無疑問地，很多眾所周知的深度評論或多或少地帶有各自教派的偏見，不管是有意的，還是無意的。受到技術的限制以及調查人物的各種影響，他們的研究在很大程度上更加適合學者而非大眾。就連牧師的素養也是參差不齊

的，所以對聖經的研究需要完整的分工。這些傑出的學者們會合理地評估研究其內容的價值並且將此作為公共財富，讓每個人都能夠自由地以此為基礎而做出更多的演繹推理。

尚且不談那些有價值的歷史的或者是文學的評論，聖經與科學、哲學、心理學和其他方面的各種學說，都有著密切的關係和深遠的意義。文學的消逝一度在眾人心中引起了不少的恐慌，他們感到自己曾經安放的信仰遭受到了毀滅性的破壞。他們的聖經看來已經失去了權威和神聖不可侵犯的特質。一場浩浩蕩蕩的變革正在向我們走來，沒有人可以阻擋變革的腳步。而急待需要解決的重要問題是：聖經中那些眾所周知的信仰如何才能夠讓人們的心靈顯得更加清淨並且為人們所理解，而不是被削弱或者被破壞呢？時代變革總是充滿了不安和誤解。在這期間某個偶然的有別於舊習慣的行為，在一般人看來都是對至高無上的神聖的不虔誠的褻瀆。為什麼要去撼動平靜得讓人滿足的宗教生活？為什麼要干擾人們對久已固定的虔誠而信任的信仰呢？僅僅是因為靈魂是在不斷前進的。內在的本質和天性是不會因為膚淺的實踐而停止不動的，不管這種實踐是歷史性的還是已經經過確認的。信仰的維持必須在精神的本質層面上找到有力的支持。

站在自由角度出發的著作旨在用書寫的文字保存所有

神聖的觀念（信仰）。這是寫給聰明的世俗之人看的。世人既沒有時間，也沒有機會能夠接受培訓，去處理技巧性的評論和錯綜複雜的精神符號。文學能夠剝奪人的生命但是精神（靈魂）卻能夠賜予人生命。出於誤解卻忠誠的義務，文學性和準確性曾經被強加在聖經之中。這不僅累贅惱人，而且還在很大程度上剝奪了和諧，美麗和團結等美好的品格。因此，很多流派和對立的宗教派別由此而生。那些超然的原文解說也找到了相應的背書解釋。而人們僅僅捕捉到了其外在的形式而不是內在的實質。教堂因此被拆分成不同的部門，也被一些無關緊要的觀念或者習慣所教條化。在多變的政策和複雜牧師工具的混淆下，人們逐漸忽略了實質和重要性。曾經被溫暖的東方符號所表達的聖經如今被換成了用生硬晦澀的英語來表達，其實質不是被隱去，就是被誤解。而這也正是導致目前盛行的懷疑論和不可知論的真正原因。懷疑就像極端主義文學家筆下的潘朵拉盒子那樣，他們的疑惑就在於合理的邏輯產物。絕對正確無誤觀點的持有者不僅忽略了聖經本身的神聖意義，而且還為對手的攻擊提供了武器。

筆者認為，聖經作者們的努力並不會白費，如果以下的情況能夠變成現實，即使是該偉大的主題僅僅被簡單地稍作研究。將聖經手稿從深層隱去的和諧和轉換能力的固有模式

中釋放出來，將人類從刑具中釋放出來，將聖經從那些被認定的教條主義中釋放出來，將聖經變得更加合理化和吸引人，而不是變態的或者難以靠近的。用連貫團結的語言將聖經表現出來，而不是用一些不連貫的章節或者術語湊成一塊；用充滿希望的語言和文字的形式表現出來；認知到聖經的神聖是來自於人類，而不是來自於與人類毫不相干的拼湊項目；認知到上帝是無所不在的，是獨一無二的，也是大愛無私的，並且是合法合理存在的。

　　將以上這些清楚地表現出來，讓人們透過精讀，不管用什麼標準，都能夠很好地領悟到其影響力。那麼，作者的努力就不會白費了。

第一章

一份簡明扼要的調研報告

　　人們常常會有一種慾望，想要更好更多地了解聖經。在這個熱情洋溢和充滿宗教的時代，所有的事物在承受著各式各樣的試驗。原則、教條和觀點看法都在承受著生活的考驗，並且在微妙的平衡中權重，他們都必須接受這個過濾的過程，無一倖免，聖經也是如此。

　　觀點、傳統和大眾的信仰都不再是毫無疑問或者無需經過合理的質疑的。每次的質疑都離不開一個問題：他的價值在於什麼？這是真相的標準，決定著其存在的價值。

　　沒有聖經的信徒可以拒絕對聖經的考驗和測試。或者他可以試試找一下。外在的權威、神聖、情操或者聲譽的含義都是可以變化的，但是他們的價值卻是永恆不變的。由此看來，無需為考慮聖經的價值而感到有任何的抱歉。沒有東西能夠阻止真心的形成或者減少對文學的真正賞識。

　　用最簡單的語言來說，聖經記錄了那些極具天賦和傑出優秀的靈魂人物的極致的精神體驗和神聖親密的行為。雖然聖經裡面有很多抽象的原則、警語和要求，但是更加確切地說來，聖經其實充當著我們生活的嚮導，描述了聖人們在現實生活中的真實體驗，從而給我們帶來生活的啟示，那些經歷過各式各樣的神聖體驗的聖經的作者們就像是一座座指路的燈塔，散落布在人類發展歷史上的各個階段。剛開始的時候，祂們僅僅是代表著猶太民族和宗教，而後來祂們更是成

為了早期優秀的基督教體系的典型代表，在更高的層次上，用更為寬廣的角度呈現現實，傳播著真相。

《舊約全書》是一部精心挑選的著作，在早期的猶太民族文學著作中占據了重要的地位，其內容涵蓋了宗教、政治、道德倫理和哲學的歷史形態。在眾多世人所偏愛的關於民族的宗教著作中，《舊約全書》是最優秀的倖存作品。但是對於內部，該著作並沒有做出任何特別的宣稱，作為一部精心挑選的優秀宗教著作，在經歷了一段時間後，其卓越的品格和超強的生命力逐漸顯現出來，為人們所津津樂道和廣泛流傳。

《舊約全書》是古代民族文學著作的靈魂代表。更確切地說來，他用文學形式表現了民族的昌盛繁榮。一部文學作品怎麼樣才能從眾多著作中脫穎而出呢？為了不辜負其盛名，作品不能僅僅複述一系列客觀的或者歷史的事件，或者是僅僅有條理地陳述一系列資訊，又或者是僅僅歌頌當代的科技、法律或者是工業上所取得的一系列成就。他們更需要去關注人類的主觀世界，傳遞人類精神的美好品格，需要飽含當代人的希望、夢想和願望，並且敘述他們所經歷過的苦難和曾經做出過的犧牲，教育人類帶著希望，去追求豐富充實的生活，鼓勵人們發揮豐富的想像力和創造力的本質，並為後來的世人樹立一面明鏡以作警醒和教育。

　　利用悅耳的音樂和動聽的旋律去描繪、表現某個民族或者某個時代盛行的精神和創造性的想像力，就是在用一種生動活潑的方式來銘記人類的精神財富。在《舊約全書》這本著作中，某些部分可以用詩歌的形式體現人類的精神財富，頗具戲劇性。那些有關心靈的獨特見解以及精神成就都使得《聖約全書》的詩篇顯得更加與眾不同。他們傳達著先知的見解，描繪著約伯的故事和那些英雄豪傑們的豐功偉績。

　　即使是那些最簡單的古代編劇，他們所想表達的不僅僅是歷史這麼簡單。他們還傳播著宗教和倫理道德的觀念，鼓勵大家相信上帝的崇高無上。

　　不過，由於每個作者的年齡，他們所處的環境以及本身的性情不同，他們敘說和表達的方式也都表現得多種多樣。某些曾經獲得批准的道德倫理的交流或者行為，在《新約全書》或者是現代的標準當中，卻是站不住腳跟的。那些外來民族殘忍不堪的破壞，復仇火焰的偶然出現或者是那些詛咒詩篇裡的詛咒，都必須給予強烈的否定和譴責。後期的聖經和早期的聖經的革命性突破也由此變得更加清晰無比。那些聖約中曾經被口授筆記的有害教條在《新約全書》中卻是經不住邏輯推敲的。上帝的仁慈和不可改變性都會受到來自文學的盲目崇拜的挑戰。聖約也因此更加確定人類會犯錯誤的本質以及墮落的本性。同時也充分顯示了，《舊約全書》的

價值在於認為人們與他們所犯的錯誤或者表現過的憤怒是脫離不了任何關係的。而他們的歷史，也就是一個不斷尋求建議，尋求改進的過程。

《舊約全書》是一部屬於道德倫理領域的著作，透過描述人物和環境來闡述觀點。一個特別的宗教體系是由一個備受青睞的人的固有的靈魂體驗和多變的靈魂體驗，以及曾經歷過的事件，犯過的錯誤，接受過的自律性處罰所組成的。他們特殊的精神體驗也透過人類的實踐行動戲劇化地表現出來。得益於宗教性的文學著作，猶太民族在歷史上的很長一段時間裡都是一個經久不衰的團體，占據了人類歷史發展舞臺的中心位置，不僅僅在他們所處的年代，更是對接下來的時代發揮了很好的啟發和促進作用。與周圍的道德宗教體系的多神論相比較，猶太民族獨一無二的一神論體系顯得尤其突出。但是當代的宗教有著屬於本身的宗教著作，部分著作非常適合其所處的時代和民族，帶有崇高的主旨和目的，並且服務於世界道德體系的發展。吠陀經、埃達經、阿維斯陀經、奧義書、可蘭經、印度史詩和其他所有宗教著作都包含著高貴的思想和語言。大部分宗教著作都有著詩歌般的意境、理想主義的氣質以及奮發向上的精神主旨。曾經，一份全面公正的宗教對比，清楚地顯示出很多基督教的辯護者曾經不公正地指責其他聖經著作，或者不公正汙蔑毀謗別的

聖經著作。基督派理念中的很多主流觀點，比如說三一論、犧牲論、贖罪論以及特殊時期和紀念日所應遵循的儀式和慣例等，都能在其他地方看到。只是在針對是否來自於同一個地方的觀點卻是非常不一樣的。詹姆斯‧弗里曼‧克拉克博士（James Freeman Clarke）在其著名的作品《十大宗教》中選取了兩個章節中的各種例子去闡述他們之間驚人的相似性。他們是節選自兩部巴比倫作品的章節，其中一個還對《創世紀》有著詳細的說明。

第一節（Tablet）

當高空領域仍未被稱為天堂，

地下的領域仍未被稱為地球，

地獄的深淵仍未敞開雙臂之時，

水流的混沌催生了他們，

並聚集在某個地方。

那時候，人類仍然沒有開始聚集在一起居住，動物也沒有在一起遊蕩，

上帝也沒有誕生。

他們的名字仍然沒有被提及到，他們的貢獻也沒有讓世人知道。

然後上帝中最年長的，

拉克姆和拉卡姆誕生了，

並且逐漸長大成人。

阿舒爾和克舒爾也接著誕生了，

並在一起住了很長一段時間。

安努（作品的其他部分遺失了）

在克拉克博士看來，第五章節是非常重要的，因為它指出了聖經中頗具創造性的紀錄與安息日來源之間有著密切的關係。同時也讓世人了解到巴比倫人在度過安息日的時候會有很多限制。

第五節

他為偉大的上帝們建造了住所；

他修理了一下那些形狀像動物的星座；

他創造了年份，並且將一年分成了四季，

然後再創造了 12 個月份，並設定三個星座為一批對月份進行了劃分，

他還指定了一年中的某些特殊日子作為節日。

他為星球建造了住所，以便他們日出和日落；

這樣就不會發生錯亂的情況，他們的軌跡也不會受到阻礙；

他將貝爾和希爾的住所放在一起。

他在每一邊都打開了大門；

他在左邊和右邊都做了一扇非常堅固的大門。

並且在中間放了照明燈；

他指派月亮管理黑夜；

並在黑夜中巡邏直至白天的到來。

他將沒有黑白和衰退的月份制定為聚會的日子。

每個月初的晚上即將來臨之時，

他響起了號角，點亮了整個天堂。

他指定第七天為神聖的日子，

在這一天，停止所有他指定的活動和工作，

然後讓太陽光榮地從地平線上升起來。

但是這些以及其他漸為人知的有創造性的紀錄都缺乏莊嚴和美麗，並且與《創世紀》的敘述很不一致。雖然那些涉及宗教倫理的聖經中的高尚情操多種多樣，但作為人類行為和生活的嚮導或指南，聖經中提及的那些積極向上並且切實可行的卓越行為都是十分明顯的，以至於我們不能對此做出懷疑。但我們不能忽略的是，猶太民族有著放之四海而皆準的理念和教訓，但這畢竟只是民族文學中有關種族的一個分支。但是其前仆後繼的追隨者、基督徒都促進了民族和國家之間的關係，並且相互間能夠很好的相容和發展。

聖經是人類文明高尚成就的有力證明。但這並不證明他就是完整的，或者說是完成了的。真相並不是從書本中產生的，他的權威性也不是僅僅依靠文字說明而獲得的，而是與生俱來，永恆存在的。摩西的十戒在被雕刻在石桌上之前就已經被深深地刻在了人類的本性之中。

　　《聖經》一書曾經被當作是一種莊嚴的法律符號，甚至被當作是最高統治者的命令。但實際上，這更是一種釋放。上帝的仁慈和善良被深深地刻在了人類的生命裡，像我們這樣的人類，在度過人生中光明和黑暗的階段後，會在不平坦的朝聖之路上更加懂得如何避免錯誤，並帶著崇高的信仰尋求那些遠遠走在我們前面的靈魂人物。

　　聖經中那些不變的原則以各式各樣的形式呈現在人們面前，但祂們的出現卻是遵循進化的順序和過程的。在接下來的幾個世紀裡，那些被作者們牽制的靈魂人物們仍然能不斷地保持著祂們超前的意識和高尚的品格。上帝早期的一些觀念是消極的，或者是毫無價值可言的。耶和華的種族和神性只有在與上帝及其鄰居的人們的對比下，層次才會顯得更高一些。在眾神之中，祂的位置最高。更深層來說，每個國家和民族都會為看不見的力量命名並創造一些屬於祂們的靈魂人物，其理念與當時時代的發展都是一致的。也許並沒有什麼超自然的力量。沒有人是真正崇拜真實的上帝，除非祂可

以達到那種程度，知道了真相，並對真實的自己具有清晰的形象。每個人稱為上帝而上帝只不過是對自己意象的一種稱呼。宇宙的力量、生命、智力和意志力，他們的力量或大或小。從事物的本質來講，上帝真實或是錯誤的程度取決於崇拜者的真實程度。這聽起來或許令人十分驚訝，而實際上，至今為止，人類都是有著清醒頭腦的，每個人都在創造著屬於自己的上帝。從那些早期的《舊約全書》文學作品中有關上帝的那些區域局限性以及獨特的觀念開始，道德觀念的品格有了不斷的改善，《新約全書》手稿中常常提及到的高尚理念也是在不斷地改進。作為和解或是滿足神的犧牲論是非常適合早期宗教體系的特質。這種基於恐懼和神祕的慣例清晰地揭露了精神意識層面上的道德發展。

聖經中進化著的人物在有關未來的存在和傷風敗俗行為的觀念的緩慢演變過程中，這些改變也是顯而易見的。死後重生的觀念之前幾乎是不存在的，除了在《舊約全書》中曾經有過那麼一點點的輕微暗示，但是這個觀念在《新約全書》中總算被帶到了人前。作為一種完整的神聖產物，如果《聖經》是直接來源於上帝的，那麼按照邏輯來說，其中的每一個部分都具備同等的權威和高尚的品德。但如果這只是人類身上的一種神聖資訊，為人類仲介所著色，那麼他必然夾雜著錯誤和不完美。當陽光穿越有色的玻璃時，光路就會

有所改變。那麼有限的東西又怎麼能帶來純淨而無限的產物呢？任何形式的「揭露」都必須在接受者之上，否則這只是一種無謂的形式。如果真的存在活靈活現的神聖上帝，只有人類的上帝才可以為其闡述觀點。

　　儘管曾經出現過短暫的脫軌，人類偉大的進程還是在不斷地發展著，而聖經也提供了一個很好的衡量指標。人們曾經注意到，早期的奴隸制和一夫多妻制的鼓勵，以及對敵人非歧視性的殺戮和後來在山上布道者宣揚的高尚靈魂人物，人們所信奉的金科玉律和四大福音書之間是存在著很大差異的。難道上帝是複雜多變的？而後來的人類已經有了明顯的改進，並在聖經文學中反映出來。當人類的意識喚醒了神聖的內在本質及其本源的獨一無二性後，人類開始不斷地成長起來。人類才慢慢地發現原來自己是上帝的孩子，被賦予了聖潔的形象和愛好。

　　聖經就像是一面鏡子。每一位讀者都能從中客觀地讀取到有關主旨或是任務的某種獨一無二的特性。同一條資訊，卻有著不同的解讀。同一個劇情，卻被不同的角色進行不一樣的演繹。即使是在各式各樣的條件下，固定當前客觀的形式，其意義也可能是表現各異的，即使是同一個人，在不同的時期和不一樣的心境下，表現也會不一樣。最終分析得出，對於個人而言，他對書的看法正是他自己個人的聖經。

這條心理學教義很好地說明了為什麼不同的教派對同一種集
體事物有著自身獨特的見解和教條。透過利用那些由勵志文
學所濫用的品質而組成校正過的文本，每個人都能找到他們
一直苦苦追尋的東西，即使每個語音和發音的符號都是有著
神聖的淵源，這只是一個推測，但是對於教條進行多樣化的
解讀情況絲毫沒有任何的緩解。人類透過尋找聖經中的合適
部分，對號入座。

　　聖約中盛行觀點的表達晦澀生硬，毫無實際的可行性。
一種純理智的信仰或者承認都是毫無說服力的，除非被轉換
成鮮活可信的個人看法。即便是真相，也是毫無生命力可
言，除非被具體化、實際化。希望意味著鼓勵，上帝的精神
可以被轉換成活靈活現的靈魂，而不是沒有生命的實體，不
是羊皮紙，也不是文字。這些或許可以給我們帶來建議，卻
不能讓我們生存下去。

　　還是說回《新約全書》，其結構和不同部分的選材，以
及最終的統一在《舊約全書》原稿中都是未曾遇見過的。作
者沒有計劃，也不知道應該怎麼去編寫一本按要求配置的書
籍。精神的自發性僅僅可以解釋其過程和最終的結果。耶穌
並沒有為未來的後代寫過著作。他教導的都是精神層面和有
關生命的東西，同時，他們也喚醒了人類靈魂神聖的一面。
他們是真實存在的原則觀念，具有良好的傳播。他的資訊不

是格式化的教條，是充滿著樂觀主義而不是悲觀主義。他的語言，很少被傳播，卻透過記憶和傳統，被其追隨者詳細地記錄下來，雖然這些紀錄並非全是完美無缺的。當早期教會信仰的力量以及精神的物質逐漸被信奉上帝的年代所取代的時候，傳統開始成形，特殊的教條被賦予涵義，評論家也隨之成倍地增長起來。對於宗教作品的權威性和價值的觀點存在著很大的分歧。但在第二個世紀末，人類已經選出了普遍應用於教堂的作品。有關爭論或者分歧一直延續到第三個世紀，伽太基的第三個委員會確認並且通過了相關標準，而這些標準也被傳承到西方教堂。

　　當聖經與人類靈魂緊密地結合在一起的時候，聖經便能照亮人類的內心世界，點燃生命的希望之火。儘管對於聖經曾經有過很多錯誤的解讀，聖經仍然對人類嚮往更高層次的發展產生了正面的影響。由於受到現代文化蓬勃發展的影響。許多作品都被當作是神話故事。聖經也無法證明其背後其實是隱藏了意味深長的精神世界之金礦。這裡承載著其偉大的精神力量。作品的評論只關注了聖經早期形式枯燥單調的技術。落葉也未曾向世人展示過曾經的美麗和婀娜多姿。如果聖經必須存在，那麼它必須是存活在人的靈魂裡，而不是一部死氣沉沉，苦悶無趣的文學作品。

為了更好地了解宗教作品的多樣性，我們不妨引用早期作品的一些語言：

聖經正如是一幅不管從哪個角度觀賞都堪稱是豐富多彩、變化多端的美景圖畫，畫裡描繪著莊嚴無比，高聳入雲的山峰；描繪著寧靜的山谷，翠綠的草原，花草樹木，搖曳的稻穀，盛開的鮮花，繁花似錦並且碩果纍纍的花園，蜿蜒的小溪，磅礴的江河，荒蕪的沙漠，哞哞叫的牛群，成群結隊的羊兒，岩石，低地，懸崖峭壁，靄靄的白霧，暖暖的陽光。《舊約全書》中的法律、歷史、詩歌和預言；《新約全書》的《馬太福音》和《使徒書》中更深一層的倫理道德和更加精神化的教學，都雜糅在猶太民族不同時期的特定歷史階段中。在這瞬息萬變的歷史潮流表面，我們看到了由族長領導的田園般生活中最簡單的尊嚴和高貴。奴隸制的殘酷，神父的命令和祭品，法制的政府，君王統治的權威，美妙的詩篇，押韻的讚美詩，那些被囚禁的疲憊時代，有關預言的教學和警醒，救世主的期待、承諾、悲劇，精神的嚴峻考驗、迫害，教堂的建築以及種族的遣散等等。

《約伯》生動有趣地描述了美妙的生命體驗，而該書令人印象深刻的不僅僅是其具有真實性的歷史，更是在於其十個貞女寓言故事意味深長的含義。《大衛的詩篇》飽含各式

各樣的情緒體驗和千變萬化的圖片，而這些同樣具有教育的意義，也很靠近人類的本質。不管這是由自家詩人所編著的，還是只是一些無名小卒所編寫的。如果世界各地的教堂可以收編這部選取了西亞某一角的文學作品，那麼這一部為七大教堂所用的作品會具有同樣的實操性。猶太民族宗教的作品實際上是一首交叉著警告、責備、懲戒、激勵和鼓勵的合唱曲。

（篇章的解釋：1《寓上帝的形象在人類》一章，聖經的揭露，李和謝博多，波士頓。）

第二章

亞當和伊甸園的墮落

　　聖經是一部非常優秀的作品，深藏著不少仍然未能被世人所知曉的財富。聖經這部作品已經被翻譯成多種語言，從東方國家流傳到西方國家，但是其中的精神財富只能用心從作品的字裡行間去體會，而不能僅僅單靠言語傳達。聖經中的散文，雖然並不是非常押韻，卻頗具詩意。既然心中已經深知格式、教條、經文等的嚴謹，那麼自然就會明白作品的美妙和內在的可塑性也是深藏其中的。

　　伊甸園的故事，亞當和夏娃的故事都是東方文學藝術作品和寓言文學作品財富中的一個典型代表。不管怎麼樣，我們都應該將重要的真相時常銘記於心。具體的事件和原則比解說或是符號都要來得更加刻骨銘心。形象化的意象並不是在破壞作品，而是在豐富我們的理解。圖表，文字或者段落，都僅僅是藝術家的工具，但是他們的影響力，所飽含的意義都遠遠比不上畫家的畫筆和雕刻家的鑿子來得更為深刻持久。想想以前的時代，人們都被告知要尊敬工具，而這些工具卻久而久之被神聖的宗教作品所取代，從而「死不瞑目」。

　　在充分傳達伊甸園故事的深遠意義之前，我們有必要了解一下關於演化的知識以及心理過程。創造不再意味著將創造從無到有的東西，而是一個表現的過程。從聖經的文字中，我們可以了解到很多細節都是隨意且具有歷史意義的，

但卻不是相關的。從神聖的法令中，我們可以得知宇宙是突然湧現出來，而之前是並不存在的。儘管這一出現是超自然的，但是《聖經》中古代猶太人的領袖摩西，以及其他早期的聖經作者們，他們都懷有詩意般的想像力以及對重大真相的直覺理解力。而這些清晰的理解力在後來一系列的科技成就中也一一顯露無遺。

在想要了解有關傳統方面的更多細節之前，我們需要關注到創造性發展的最前沿和最廣泛的理念。對於某些人而言，進化意味著達爾文的物質主義，作為全面的有關進化論的注解已經被一代又一代地傳承下去了。雖然具有很大的價值，但作為外來入侵的文化作品，其觀念是片面不完整的。它和科學的關係正如文學和聖經的關係一樣。只有當人們的靈魂和心智也跟著發展起來，人類的發展才算是完整和理性的。豐富的礦石並不總是埋在淺層的表面。哲學理念表明，「感覺是所有知識的基礎」，這些理論都是有缺陷的。達爾文認為，萬事萬物都具有潛力。而這一觀點被武斷的反對派當作是進化論的定義，而在很長一段時期內被攔截了。史賓塞，莊夢德，勒康特，菲斯克和其他主持人都有資格被稱作是「進化論者」嗎？正常說來，靈魂的揭露，和物質主義文學和教條主義文學一樣是不可能的。前者將其理解為與感覺有關，而後者將是同樣用有限的標準定義進化。「一文不

值的人類」這樣的觀點很容易就被反駁。德國哲學家康德，對該觀點做出了補充，感覺是組成完整知識體系的重要一部分。但是他精彩的心理學分析離不開對精神境界的探討。每個人，甚至是哲學家也不例外。忽略心靈、事物、精神和必需互相連繫的「三一論」之間的關係，很容易導致片面的理解或者誤解。

進化論其實就是宗教的女傭人。從更低層面上看來，人們果斷地認為這是無神論的思想，就像是一個敵人一樣。從另外一個角度看來，果斷的宗教教條，無視進化論的重要性，同樣是誤導了人們。如果我們堅持將真相分解得支離破碎，我們又怎麼能保證真相的一致性呢？

「伊甸園的墮落」是人類進化史上頗具諷刺性的篇章，作者也曾經在前兩部作品中提及到該故事。由於這個話題實在是太重要了，所以我們必須對此做出清晰的闡述。

雖然這個創意的故事隱喻在名言警句中，與現代宇宙學的有序發展大致上是吻合的，但是這個故事旨在描述人類自然的本性。人類靈魂進化一劇的序幕從此被掀開了。我們不約而同地往外看，並反思過往，但實際上是，主角和人物就在戲劇中。這帶有雙重含義，包括種族，也包括個體。由於人類漫長的發展史已經在胚胎裡孕育成形時已經被多次告知，所以亞當的本質和經驗也由此被多次重複提及。這段歷

史不斷被每位成員複述，而這是一個多麼有說服力的證明，證明這個民族是多麼的團結！在伊甸園，亞當曾經是人類始祖的候選人。在這個神話故事裡說明，人類始祖一開始是有著兩個完全不一樣的版本。那時候，一個正在創造中，另一個正在形成中。上帝說：「不如我們用我們的樣子來創造人類吧，讓他們和我們具有一樣的形象。

　　這是人類的真實畫像，他大致上就是這樣的，從深層上來說，他從一開始就是神聖完整的。其實上帝的形象本質上就是不完美的。只是感覺上在不斷完善和進化而已。

　　第二個版本，第二章說道：耶和華上帝在混沌中製作出人類。第一個是男人，上帝的孩子，而第二個是外在的表現形式。第一個就是上帝的翻版，實際上也是上帝的一部分。而第二個，是男人的物質化身。科學的系統，哲學的系統和宗教的體系都是類似的，都作出了為人類披上外衣的描述。當這件衣服逐漸變得不再合身，不再滿足更多的服務需求，並被存放起來以作別的用途時，他們就會說：「人類已經死了。」這個錯誤就這樣被流傳下來，並經過了一般的粉飾。粉末的具象表明了一個普遍存在的觀點，人類是能夠控制自己的。但上帝是由粉塵組合而成的嗎？粉塵就是他的表象嗎？儘管在實際生活中，上帝是個「活著的靈魂」，而在上帝的意識中，他自己卻是由黏土製作而成的表象。人生中一

堂很重要的理解力課程是將自我意識從頭腦中的觀點轉換成世紀存在的現實。這就是所謂的「雅各的天梯」，人類的意識和理解力在不斷一級一級地上升、進步。在人生的航程中，人類總會有屬於自己的特定目的。所有的宗教和蒙恩之道皆有鑑於此。靈魂才是最重要的，但是在其表現和意識中，低級的自我卻是占據了優先的位置。成長的法則必須經過多種多樣的體驗和加工才能為世人更好地理解和體會。沒有東西能比啟示性的人生更能深層地挖掘人類的意識，正如「我並不是肉眼所見的我，而是被披上外衣的靈魂。」

　　神聖的形象曾經不完美地表現過各式各樣的性格。亞當代表的是人性化等級中最開始的也是最低級的部分。他的名字代表著一種意識 —— 表象而錯誤的陰影 —— 所以表象的靈魂都在其發展過程中經歷過這個階段。亞當，就這麼走進了人性的最初級階段。從動物的靈魂過渡到能擁有區分善惡知識的階段。這也是第一次感受到道德規範就這麼威脅性地懸掛在腦袋上。在此之前，他一點動力也沒有，但現在他知道向著一個目標前進，雖然也常常會有遺漏。

　　亞當這個有關人類本性的故事並不會受到時間、空間和地域的限制。這只是一個人類發展的普遍規律的短暫理解。完美的動物並不能在伊甸園中走得很遠，並且需要不斷經歷，不斷獲得新的能力，才有機會進入令人苦惱的智慧樂

園。低級的結束意味著向更高級的過程邁進。表面看上去是一種退步，實際上是一種無休止的上升。

　　是否是摩西，又或者是其他直覺性的靈魂創作了亞當的寓言故事，這並不重要。人類追求真理的道路是隨機偶然的，儘管有些觀念是那麼的珍貴和重要。我們帶著與宇宙對應的觀點考察人類的造型。猶太民族的學者告訴我們，那種語言幾乎沒有時態之分。他們的動詞時態表示的是狀態或者處境，而不是時間或者環境。翻譯是很簡單的。亞當前時代的人類是一種偉大的生物，並占據了其王國最耀眼的位置。帶著敏銳的感覺和健碩的體形，伊甸園天堂職工的顏色、氣味、味道和感覺徹徹底底地征服了他。伊甸樂園代表著最奢華最豐富多彩的感官享受。居住在伊甸園的人類是天真無邪的，他們並沒有任何的道德觀念或責任的觀念，無力掌控道德或者不道德的事情。他的直覺是準確無誤的，但是每個理性的錯誤或者靈魂的瑕疵都是隱藏著的。他已經進化得很完整和成熟了，所以已經做好了越界到下一個進化階段的準備。他充滿愉悅地注視著伊甸樂園。不再渴求更多，不再做更多的改善。但最終滿足變成了不幸。這就是所謂人類心中嚮往的伊甸天堂。而就是在這個多事之秋，膨脹著的靈魂之中，上帝的聲音變得更加清晰可聽。人類從孕育期的休眠狀態逐漸過渡到有意識的狀態。

現在，跌跌撞撞，懵懵懂懂的時期成為了常態，犯錯也成了家常便飯。這與之前的本能行為形成了一個多麼鮮明的對比！麻煩和欺騙隨處可見！這難道不是一個嚴重的倒退嗎？這是創造性傳統的一個明顯基石。而實際上，這個有限下沉的國家正在準備換取一種無限的可能性。正如提及過那個快速的過渡時期那樣，時間在靈魂發展過程中只是一個微不足道的「無名小卒」角色。僅僅是為了跨越一個階段，可能就需要上千年的時間。伊甸樂園就此永遠地消逝了，但是其獸性卻繼續存活著。人類仍然需要面對不安定、不滿足、道德法規、懲戒、內疚感、以及沒完沒了辛苦工作的問題。過程是多麼的漫長！所有的苦難都將會是今天世人頗具教育性的財富，但人類的這種意識是多麼的薄弱！一次次的搬遷運動助長了精神肌肉的發達。

請再次注意到這個珍貴而重要的表象！亞當和夏娃代表著人類靈魂中智力的和精神的，理性的和感性的，男性的和女性的因素。這存在於所有的靈魂當中。而性愛是膚淺的，只是一般地說來，這呈現了外在表達方式中的一種優越有品質的表現。處於低層次的理性瑕疵表現得越早，亞當也成為第一個。在進化過程中，這是一場真實的進化！有些人曾經把直覺當作是完美的本性，或者是本性的倖存物。但直覺是只能的，有著無限的可能性，會適當地出現在理性之後。

善惡知識之樹就處在自我的伊甸園中間，現在那聲音也十分清晰地告訴人們摘取其果實的懲罰就是處以死刑。身體的死亡意味著無知獸性的滿足以及觀感滿足的一種結束。純潔而簡單的動物就這麼去了。這級別的靈魂也隨著「我們中的一員能分辨善惡」的觀念的發現而消逝了。精神觀念的理解和認知是一種全新的發展，而在對比中包含著道德的選擇。人類從此必須在高級的和不高級的，法律的和非法的，感覺的與真實的之間做出具體選擇。而在後來的神話中，亞當和夏娃的後代凱因和艾貝爾透過外在的活動而帶來成果的行動，則賦予了這兩種形態人性化。在自然的次序中，低級的動物出現得更早，但凱因不再是一個動物，因為他已經具備了辨別錯誤的意識。忽略目標是一項需要經過懲罰的體驗。而這體驗是極具有教育意義的。學會選擇高級的而不是低級的造就了拯救。在靈魂的緩慢發展過程中，掙扎、痛苦、荊棘和各式各樣的薊在意識中是劃分等級的。勝利和失敗在甄選著具有男子氣概的理想人物的候選人。生命是一個充滿著進退的過程，而總體說來，前進的時候占據了多數，也因此更加凸顯了靈魂的價值。低級的階段提供了高級階段生根發芽的土壤。他們來自惡劣的環境，排除了萬難而成長、蛻變並且超越。人類頑固的動物本性所表現出來的就是自私，嫉妒，鬥爭和戰爭，這些例子在人類歷史上是數不勝

數的。動物的本質，原本是積極的，但在人類發展階段出現了規則的時候，卻演變成消極的。當其失去了正義的一面，其新的任務就演變成了為他人服務。

人類必須有權去自由選擇是否往高級發展，因為如果他是被迫通往高級道路發展的話，他就會變成機器人。勇於與被魔鬼附身的自我搏鬥不僅僅是一項責任，更是一種權利。耶穌就是這樣被聖靈引導到荒蕪的地方，為惡魔所誘惑（馬太福音第四章，第一節）「被聖靈引導」一章是非常重要的。期間長達四十天的誘惑故事在偉大的道德倫理發展過程中是一則著名的寓言故事。每個靈魂都有著其荒蕪之地。《約伯記》中記錄的體驗就是一本生動活現的實例教材，用具體的符號象徵形象地說明原則和道理，並且用史詩般的形式一一呈現出來。

由於亞當的靈魂已經落後了，自我精神占據了重要地位，變成了主流思想，自我的概念也就被引導到一個更高的層次。人類神聖的地方在於他們更懂得怎樣贖罪，有著自己主觀的救世主。是發酵使得腫瘤被影響了，所有的靈魂都是能夠轉換為肉身的候選人。

這一整部伊甸樂園的故事，包括「驅逐」和「閃亮的刀劍」，既不是毫無意義的神話故事，也不僅僅是客觀歷史的機械重複，而是一門有關進化的研究，既是科學的，也是宗

教的。這是一部心理和精神的戲劇，被放在舞臺上並且在我們面前演繹。占據主流的動物性做了最終的告別，取而代之的是理性。前者做得不錯，但現在已經過時了，而他的繼承者雖然只是一個未諳世事的小孩。當被放在與受過訓練的阿拉伯馬群，今時今日的小孩們顯得多麼地無助和脆弱。他們具備了高級的等級，無窮的潛力以及清醒的意識！如果動物靈魂中帶有了人性，那麼我們就可以輕而易舉地看到其中神聖的能力以及無限的理想主義。隱藏的可能性財富會產生挫折，帶來壓力，無力感受愉悅，就像是在極度饑餓的時候，只能看到一小片麵包。

要想再享受伊甸樂園的一切已經是不太可能了。亞當的後代，人類不再受制於神的專制，而是被主觀性所主導。但是伊甸樂園仍然是個快樂的聖地，只是不復存在了，它與現在的生活對比，存在著多麼大的差異啊！當以色列的孩子們在走向通往迦南樂土（上帝允許給亞伯拉罕的地方）的時候，他們卻渴望能夠回到他們肉身所在的埃及。很多現代人曾經試圖找過通往伊甸樂園的道路，相信這個方向一定能夠通往伊甸樂園。即使是已經被喚醒的靈魂也會有類似的體驗。雖然他們取得了許多成就，但至今仍然未能到達理想之地，因此偶爾會感到深深的挫敗感。通常，我們總會懷念天真無邪的孩童時代，那個時代具有了伊甸樂園的特質，一個

讓人無憂無慮生活的地方。隨著年齡增加，知識越加豐富，潛在靈魂的意識越加強烈，責任感也日益加重！

　　人類的心裡裝滿了新的渴望，崇高的理想，但是他們仍時不時地面朝伊甸樂園的大門，那裡，閃爍著「刀劍的光芒」。他或者會縱容本身的獸性，但他不會再次變回動物了。他不能很好地表達那種因為能滿足而變得聖潔的不滿。不可能再往回走了。而繼續往前走卻意味著辛苦和悲傷。另外一個更為純潔和美麗的天堂是可能存在的，只是至今為止幾乎未能為世人所注意到。宇宙的普遍趨勢是向前發展的，如果想要在化成理性的肉身後激起本身的獸性，這無異於人類的發展。所以人類是不可能再回歸到動物，動物也不可能變成植物，植物也不可能變成礦物，礦物也不可能稱為元素。一把閃爍的劍在後方隨處可見，並且擊退了每個王國的入侵者。一個物質化的天堂不再是給人類享受的。對於人類而言，精神世界顯得更為重要。人類必須往前發展，窪地再怎麼崎嶇或者凹凸不平，也是可以耕耘的。作為一個民族，又或者是作為一個個體，我們都不應該只是想著擺脫荊棘的困擾，而是應該想方設法轉化荊棘，改善處境。這把閃爍的刀實際上在傳達著神的慈愛。對於人類來說，想要回到孩童時代遠遠比躲避刀劍或者攀登伊甸樂園的牆更加容易。但是，就算我們能夠回到過去，那些曾經的美麗和快樂已經不

復存在了。我們已經是經歷過進化的。不完整的感受和崇高理想的牽引，都在敦促著人類向前發展。身後善良的荊棘會引導著我們與外在的自我作鬥爭的。

在《創世紀》的第一章裡，創造者被尊稱為「上帝」。而在第二章，神表現在更多具體的意象上，如能聽能走，並被稱為「主耶和華」，或者用新的美國版本中所說的「耶和華上帝」。鑒於人類內在的聲音和直覺，似乎用後一種翻譯更為合理。而那個有關被狡猾的人欺騙的故事則更為複雜。在古代的寓言和東方神話中，常常會把蛇作為象徵，頗具彈性意義。

在「樂曲和預言的詞典」中，布魯爾博士說道：蛇在很多作品中不是象徵善良，就是象徵魔鬼。

蛇是一個象徵的標誌：象徵著智慧。「像蛇那樣聰明，像和平鴿那樣不傷害別人。」（馬太福音第十章，十六節）象徵著狡猾。」現在蛇比田野中的一切活物都要狡猾。（《創世紀》第三章，第一節）

蛇是一種象徵性的符號：代表著神。因為希臘歷史學家普魯塔克說過，蛇餵養著自己的身體。就像是所有神創造出來的萬事萬物，最終都會再次回歸到神的本體。代表著永恆。正如上一條的推論，蛇代表著畫圈。它可以把尾巴放在嘴旁，畫成一個圓圈。代表著重生。據說，當蛇日漸衰落

時，他會擁有一種超能力，讓自己重回到年輕的時代。他把自己蜷縮在兩塊岩石間並摩擦著身上的皮，讓老皮脫落，並置自己於死地而後生。代表著守望者。在古希臘和古羅馬，人們常常在祭壇上放有蛇像。

在古代的希臘神話中，蛇通常是被虛構成擁有預知未來能力的動物。占卜師們如是說。

牠不僅僅是在基督教文學中象徵著伊甸園的魔鬼，「古老的蛇像」也是撒旦的一種普遍稱謂，又或者是指代敵人。在神話中，蛇代表著低級的人類激情，而以圓環形式出現，尾巴連著嘴巴的時候，就代表著智慧和永恆，因為永恆既不會有開始，也不會有結束。

在《創世紀》中，蛇很明顯地被當作是智慧的象徵，並沒有表明牠是有害的。實際上，有關蛇最終會背叛的預言結果證明是對的。雖然牠曾經象徵著人類動物形態的死亡，但牠們的眼睛是睜開的，被當作是「上帝，懂得分辨善惡」。這個預言和成真的過程都被描述在自然也是必需的偉大進化過程中。發展進化潛伏在精神領域中。而背叛所帶來的最終結果卻是善意的。蛇很明顯代表著神祕的智慧。這種智慧固然是人所特有的，卻同時也進入了代表著直覺和精神感知的夏娃的心理。而這其實並沒有違背萬能的上帝，因為整個進化的過程與命中註定的進化規則是一致的。透過夏娃用樸實

無華的語言來傳遞智慧和宗教見解是一個偉大的進步，而這比由知識份子傳達更快理解，亞當也引領著新的征程。雖然在外在表達方面，亞當更勝一籌，但是在直覺感知方面，夏娃比亞當強，而且是天生的領袖。第一名的也可能是排在最後，而最後一名可能最後變成了排名第一的。新征程的反對聲音並不能完全被當作是與第一章所提及的關於上帝、《創世紀》一致。這似乎代表著一個種類，動物世界末日的到來，他們即將要失去其霸權地位並且逐步走向衰落。在一本東方著作中，曾經描述過這麼一些吉祥物可以讓動物像人那樣可以交談，而樹也拍起了手掌，每個偉大的物體都被視為具有聲音的。如果一個人足夠優秀，能夠識別善惡，那麼他死了以後會獲得很高的聲響。但是從此之後都只會處於較低的地位。如果沒有太多的象徵物，那麼它傳達的意思與進化論、科學、宗教和心理學是同出一轍的。一份全面的「神的不滿」定義著許多進化論中的靈魂人物，但是我們或許會慶幸我們已經不復存在於伊甸樂園。無止盡的渴望是理所當然存在的。我們應當不斷地忘記曾經發生過的一些事情，更新記憶，經常回顧從前發生的事情是很不恰當的。羅德妻子的經歷有著非常重要的意義。來自較為低層的生命就像是誤解的潘朵拉盒子，無法求解，除非是從較高層次的觀點去求解。綿延伸展在我們面前的階梯引導著我們從亞當時代過渡

到基督上帝的意識年代。生命是不允許人類長期處於停滯不前的狀態。亞當不應該受到譴責，反而應該被當作是一個基石。從必需性、進化的順序以及人類墮落所包含的積極意義等角度看來，把這些當作是人類的災難，這是一個多麼激進和冒失的錯誤！其實這是神計畫中一個綜合的部分，人們在這個過程中逐漸去挖掘自身的潛能，從而能更加靠近上帝。所以這就是為什麼他必須居住在伊甸樂園，並且知道能自由掌控本身精神缺陷的原因。

傳統的宗教體系是基於修復的觀念而不是發展的觀念。當人類的墮落被編制成歷史文獻，伊甸園被稱為人類精神樂園的時候，上帝的拯救計畫也出現了。教規曾經預測上帝的第一計畫是具有神聖性的，並伴隨著不足和失敗的地方。明確的是，文學性而不是評論性在不知不覺中糟蹋了宗教作品。暗示就存在於上帝創造人類的工作當中。這工作是那麼的令人不滿意，以致於耶穌需要充當中間人來進行調和並且保護他一手一腳塑立起來的形象。這算是一個奇蹟嗎？當天堂之父被拋棄在日食和月食中，人們的拯救計畫只能緩慢而吃力地進行著。

如果教堂是要拯救靈魂的，那麼他們必須修正其迂腐陳舊的官方套話並且將其意識提升到真相層面。《人類的墮落》是一則美麗的寓言故事，其具有遠大的革命性意義，對於我

們的身心也有著舉足輕重的含義。同時還能為宗教著作帶來榮耀。上帝的計畫和作品永遠都是那麼完美，不需要任何修復或者緊張的後顧之憂。他告訴人們要學會團結合作，不要再回想古老的伊甸樂園，而應該利用休息閒暇的時間在內心建造一個精神樂園。就像耶穌曾經說過的：天堂的王國在於你自己的內心深處。如果先前的理論基石，《人類的墮落》的故事修復等都明顯地被粉碎或是被破壞了，那為什麼不再去尋找下一個永恆不變的真相之石呢？

第三章

聖經和本質

　　當聖經被真實地傳達時，其意志與大自然的內在本質其實是完全符合的，而超自然的世界只不過是大自然更高一層的領域。相對於聖經，上帝更為直接地創造了大自然這一部作品。大自然是一個神聖真實的理論。他與精神領域相互交融，相互關聯。我們無法清晰地在兩者之間劃分界限，因為真相是完整的，而不是支離破碎的。如果忽略了其中一部分，並將其看作是平淡無奇或者永垂不朽的，那麼這本著作也就被玷汙糟蹋了。

　　大自然的愛人，名叫「黑暗天使」，不應該再對其精神聯結視而不見。他對她的欣賞也不應是僅僅停留在外在的東西，比如說優雅的形式，多彩的顏色，清幽淡雅的香水，又或者是性感的身體。那些理論學家或者是聖經學者，把上帝的語錄限制在一部獨特的啟示錄裡，並未能好好地發現其重要的支持，同時也忽略了有益身心的自發性。特殊正式的宗教並不能長期帶著懷疑的眼光去看待自然宗教。因為在地球的表面底下，只存在一個表象，所以自然的表象就是神聖的表象。

　　神是無所不在的，這一普遍的認知是上個世紀末，同時也是剛開啟的世紀的一個象徵性特徵。是不是每個世紀的臨界點都會在人類發展歷史上分別標記著一個新的推動力呢？冷靜力，機械論哲學和空洞的自然神論在 18 世紀的時候非常

盛行。而在 19 世紀來臨的時候，一種更加富有詩意的精神，以及透過情緒和想像力對大自然持續增加的相應等也隨之而來。英國詩人華茲華斯，湖畔派詩人科勒律治和其他理想派的靈魂人物都發現上帝和大自然並不是互相違背的。他們激起對人性的普遍欣賞，賦予花朵、樹木、鳥類、空氣、天空、雲層和陽光等大自然事物社會性，以及平凡事物與大自然間美妙、友好和善良的本質。而且越是全面地欣賞無所不在的神奇特性時，人們更能在屬於他們時代的世紀轉換中，保持著人類靈魂中的回應之泉及其精神樂觀性。但是對於先知靈魂的思想，其展現限制了更為全面的認知。這些靈魂人物是新時代的先知，並將見證人們會變得更加擁護《啟示錄》和《大自然》，宗教和科學，精神和物質。

　　人們對知識和研究的分類方法是不符合自然規律的，也是容易讓人產生誤解的。我們並不能在神聖和不朽之間，或者在聖經啟示錄和宇宙之間，又或者是在人性和神性之間對現實的領域劃分出明顯的界線。人們根據分析和評論將其進行分類，再細分直到人們能夠理解這些知識是同一類型的。而在實體層面，現代生物學發現所謂的王國其實是相互轉換的。礦物、植物、動物和人類在進化過程中是相對和互有連繫的。他們共同形成了一個長期且勻稱的進化過程。線條，角度和分數本質上是表面淺層的，或者說是虛構的。但是古

老的傳統思想將自然的和超自然的，有限的和無限的，人類和神聖劃分成毫無連繫並且是相互對立的。互斥性曾經一度存在過。上帝並不存活在靈魂體中，而大自然也曾經是無神論者，僅是一個無限循環的生態系。聖經的解讀，不管是無意的還是有意的，都會與當代普遍流行有關的大自然和哲學的概念相吻合。古老的教條主義和埃及托勒密王朝的物理學以及天文學是一致的。法國神學家加爾文的理論實際上是文學化的聖經產物，並且與 16 世紀普遍承認的事物發展順序是息息相關的。當他把所處在的蕭條年代與曾經歪曲過其意識的當代影響連繫起來，他或許應當受到更多的稱譽而不是不好的評論了。當哥白尼學說逐漸為世人所接受，並認為這是真理的時候，宗教和科學之間所謂的紛爭日益加劇。每一個地方都充斥著對聖經的抵觸。但經過生動活潑以及革命性的解說，最新和最理智的宇宙哲學是完全符合真相的。

所謂的自然科學，其特徵是物質化，非精神化並且屬於不可知論的，但這些明顯走向了衰落，無法很好地反映我們當代最好的思想。17 世紀的自然主義曾經一度認為宇宙是一個冷冰冰的天體，而人類只是其中無窮小的一個部分。而現在，儘管其形式更加複雜，更加精確，但直到今天，仍然以唯物主義的形態呈現在人類面前。實際上，唯物主義將生活詮釋成一系列的感官感受。但是哲學理想主義創造了一個

精神化和宗教化的基礎，激勵並提升人文主義，將人生看成是不僅僅具有生命的物質，而且還能透過物化的意象表達自我，表達內心的所思所想。大自然這一術語應該是從形式的懶惰以及冷酷無情中釋放出來，因為以上這些都是傾向於與悲觀有關的情緒。大自然被定義為感知的領域，居於次要的地位，並且從屬於心智的領域。神聖的心靈和精神並非就是大自然，而是處於大自然之中，而不是脫離大自然。大自然的計畫過程是一個神聖的實例課程。上帝是一種靈魂，而大自然是精神化的。

> 「岩石般大的上帝和玫瑰；
>
> 麻雀般小的心靈和蜜蜂；
>
> 歡快的河流，
>
> 從荷蘭出發，遇見上帝，穿過無數的通道，
>
> 透過一次次的進化，在草地和花叢中躍向生命，
>
> 透過創造者光芒四射的燈塔，他照亮了星星和太陽！」

　　生命的偉大之處在於心靈的成長。大自然的研究，透過大自然去研究上帝，是通向最終目標的一個有效途徑。我們周圍所處的環境，有著各式各樣的課程、經歷和問題，以便於更好地教育我們，發展自我。大自然會有回應的。他就是一面鏡子，反映著我們的所作所為。他有著神聖心靈的軌跡

和象徵，並且具備相當的權力，引導著心靈崇尚感恩，學會愛別人，尊重他人。順境和逆境，快樂和悲傷，所有這些生命的自然體驗都在一一考驗著，促進著人類的發展。

聖經的宗教處於大自然的最高層次。在聖經馬太福音中，耶穌在山上所說的登山寶訓符合人類的組織。「透過大自然，接近大自然的上帝」表達了一個正常的進化過程，一條直達的高速通道。宗教所呈現出來的人為渲染的特性以及其作為外來宗教的引入，這些都使得宗教本身的豐富內涵變得蕩然無存，剝奪了其自然的美感。請考慮一下這塊田野上的百合花，大自然是與人類一道，都是生命的分享者，透過一切有生命的生物進行著規律性的悸動。他是我們的親屬，雖然他仍然處於低級的發展階段。如果將我們心靈的、審美的、詩意的、精神的和富餘的部分存入他的帳戶，他將會以豐厚的利息折換成我們所需的幣種返還給我們。他所帶來的機遇、環境、善良的品行以及自律的體驗，可以幫助我們人類提升自己，這不過是需要我們的贊同。

地球被天堂包圍著，每個灌木叢圍著上帝熾熱地燃燒起來。但只有看見的人，自覺地脫下了鞋子。

豐富的精神文明，無所不在的神聖透過各種形式、顏色和化學物質將其本身轉換成我們本身的感受。由於大自然的精神和《聖經新約》的福音書有著相同的根源，所以若能

為世人清楚地理解，兩者一定能夠完美地吻合。大自然這一術語常常被誤用為定義何為基礎，何為精神層面的對立面。因此，聖保羅談及「自然的人類」意味著感觀和肉體上的自我，與精神和神聖的自我相對立。但很明顯的是，遭受譴責的實際上並不是這些物質器官，而是那些所謂的規則和陋習。精神上的發展並非是在比例之外，而是在正常比例中的最高級，並在神聖類型之後。

　　一種完整的精神意象應該是包括在聖經中出現過的希望和鼓勵，而這種希望曾經被客觀的宇宙喚醒。大自然是上帝語錄的高級版本。他的旋律標記著他無所不在以及富含生命力的生活。每一片樹葉都在伸展著，描繪著每一朵花，溫暖著陽光，在大海中閃爍。我們普遍習慣居住在媒介中，並將其看作是真實的力量。深究那些重要的事物以及起因能夠喚起回憶意識，並且帶來團結的意識，而不是分裂，賦予和諧的意識，不是動盪不安的不和諧場面。每個令人愉悅的物質本質上都是廣闊無垠的宇宙中的些許文字。美感不僅存在於力學或者僅關乎勻稱性。只有當我們意識到事物對於其精神樣式的回應，那麼從高層次的角度，這些物體都是美觀的。對生命的看法，玫瑰的靈魂以及內在的動力和典範，這些都遠遠超越了其外在的顏色和比例。作為聖潔心靈的美麗代表，他具有很強的說服力。而在深層次的分析中，其生命和

靈魂才是真正的玫瑰，才是真正的精華所在，而不是那些被鑲嵌在華麗外衣下的物質。誰是無神論者並且能夠總結出結論，認為玫瑰的成長只是偶然，又或者只是盲目的外力或者規則作用的結果？美麗是一種內心的感受，並適合人類觀賞。

　　上帝不斷表示，人類的靈魂是充滿著快樂和愉悅。由於我們的身體器官也是由內在的靈魂塑造和指導的，那些大自然掌控著的一切區域也是被無所不在的愛所溫暖和啟動著。聖經認為，大自然是其命中註定的對手和同盟者。他們既是我們啟示錄的內在，也是外表所在。實體與虛幻的，內在與外來的，中心與四周的，他們之間的緊密連繫構成了主題，貫穿在聖經整部作品之中。其伴奏也在約伯紛繁複雜的戲劇中展現無遺，其主題也被編入了讚美詩的歌曲中，在猶太民族的預言出現之前，他們已經出現了，並在聖經《馬太福音》有關耶穌的教學中多次出現。雖然文學性抹殺了聖經的自然性和生命力，但是詩歌和象徵物都使其生命的意義更為突出。真理不僅被保留了下來，而且其意義還被深化加強了。要想支撐打造出一座神聖的大廈，每根堅固的柱子都是必須的，並且需要放置在正確的位置。聖經中已經完全了解到大自然的過程、生命力和進化，以及美麗崇高的精神。兩者不管是在心靈上，還是外在的世界上，都是緊密相連，互

為需要的。所有大自然的聲音以及宇宙的樂曲都在傳遞著神
的旨意：

「天堂正在宣揚著上帝的榮耀；

蒼天在展示著他親手製作的作品；

每一個白天都在做著演講；

每一個夜晚都在展示知識和才華。

沒有語言，也沒有知識，

他們的聲音並不能被聽見。

他們的線條能夠纏繞整個地球；

他們的文字能夠到達世界的盡頭；

他為太陽製作了一個帳篷，

就像一個新郎從他的房子裡走出來。

快樂得就像一個強壯的男人能夠自顧自地走在自己的道
路上。

從盡頭走向天堂；

環行直至走到盡頭，

高溫的背後並沒有藏有東西；

上帝的法則是完美的，修復著人類的靈魂；

上帝的測試是準確無疑的，並且能夠讓智慧變得更加
簡單；

上帝的訓誡是正確的，也是令人愉快的；

上帝的要求是純潔的，點亮了我們的眼睛；

上帝的擔憂是明顯的，永遠都受到擔憂的煎熬；

上帝的判斷是正確的，並且都是公平公正的。

而在第104頁的聖經詩篇中，有一幅關於上帝的生動圖片。

誰用光明遮蓋自己正如為自己披上了外衣一樣？

誰像拉開窗簾一樣伸展著天堂？

誰在水中放下了能夠居住的船隻？

誰把雲朵做成了自己的二輪戰車？

誰乘著風的翅膀在行走？

是誰把風當成了信使，並管理一團閃耀的火堆？

是誰給地球打下了基礎，讓地球永遠不停地運轉？

雖然已經用深淵當作衣服蓋在了河流上，河流仍然流淌在高高的山峰上。

當你發出指責，誰便奔逃；當你咆哮著響雷，水便狂泄不已；

他們攀山越嶺，不斷尋找，直至找到你幫助他們找到更合適的棲身之所。

他們創立了一條邊界，永遠不能跨越，從此不再涉足地球。

天啊！上帝！他們的工作是多麼的豐富多彩啊！他們用智慧創造了一切，讓地球富裕充足。

遠方是寬廣無邊的大海，無數或大或小的生物身在其中，無憂無慮地暢遊著。

在第六十五章的聖經詩篇中，天父的善舉和富足在於：他們做著各式各樣的善舉，充實地過著每一年，所走過的道路都是那麼肥沃；他們在荒野中安置了通幽小道，讓山丘充滿著歡聲笑語。

通幽小道被他們用石塊砌好，山林中種滿了玉米，他們快樂地吶喊，歡快地歌唱。

猶太人的先知曾經做出過這樣一個設想，大自然與神的無所不在是共同存在的，並且帶著一層面紗，緩和著其存在的刺眼光芒。猶太人預言家，以賽亞，最偉大的先知，歡快地稱讚道：

你們都應該帶著快樂出發，並且被引領著和平地前行，在你歡快地前進時，高山峻嶺都會為你開道，田野的樹木也會為你拍起手掌。

以天父之名，荊棘不再從樅木樹上冒出來，尖刺也不會再從桃金娘樹上冒出來，只為了不被砍掉，成為一個永恆的標誌。

　　在《聖經新約》的《福音全書》中，耶穌讓大自然不管
是在隱晦如謎般的格言中，在隱喻或者詩意的解說中，都變
得更具有令人信服的說服力。天空中的飛禽走獸，田野中的
百合花，播種和收穫，暴風雨、大海、天空、荒郊野嶺，神
靈和樹木，落葉和果實，陽光和動亂，還有大自然的整體面
貌，都包含著建議並體現真理。大自然的過程呼應著靈魂的
成長，而靈魂卻是一個更為高級的對手。

　　相關理念的先進和大自然的意義，早期和近期的著作都
各自含有相關的陳述。從把上帝當作是人類的典範，一股無
限的物質力量將宇宙運作從無到有，到後來不斷意識到大自
然其實是一首充滿讚譽和歡樂的交響樂，而上帝就是居住在
內在心靈的天父，這是一個偉大的進步。在早期的理想人物
典範中，他們有著詩意和戲劇化的意象，當時人類都渴望能
夠更加廣泛深刻地了解到神聖的愛、美感以及完美的調整，
這大大地觸動了神靈。直到耶穌把他們帶到大眾面前，否則
人們都無法清晰地一是到人類與大自然之間的友好關係，一
種轉化了的集體善行。偉大和崇高中夾雜著害怕和憂慮，這
將會被神聖而親密無間和直覺性的和諧所取代。正如傳說中
耶穌的故鄉，巴勒斯坦地區的北部古城拿撒勒預言所說的那
樣，大自然的自發性和社會性註定會被誤讀並且變得被烏雲
掩埋。聖經中那些教條性以及文學性的描述，讓她最終被當

作是冷酷、枯燥乾澀和抑鬱。原始基督教會的時代與歐洲 14 至 16 世紀文藝復興期間的那段不景氣日子，來自大自然的靈感幾乎沒有嚴峻的禁慾主義和嚴厲的形式化，就像是一副棺材，給中世紀蒙上了一層陰鬱的黑紗，剝奪了那個時代的人類快樂和有形創作的熱情。大自然被認為是骯髒不堪，一點也不純潔的。人們隨處可見，他們內心的自我正在遭受著強烈的譴責和詛咒，而這一切也很自然地從外在表現形式中反映出來。人性極度不討人喜歡，美感也處於貧乏狀態。在錯誤地理解了通往神聖的道路上，人類將自己流放到荒蕪人煙的地方，眼巴巴地看著四面空牆，看不見上帝生機盎然的綠色田野。萬能的上帝是嚴厲的，一點也不討人歡喜，而他的作品也一定是這樣的。如果宗教被塑造成一個正規的集體，一種傳統的由教會統治，認購的服務，那麼宗教的形式就會變得僵硬，內在效應也會被相應削弱。由祈禱所帶來和權威所給出的學術性定義，抹殺了其對靈魂啟發的特性以及自發的活力。

　　我會放眼遠眺，那座我將能得到幫助的山上。讓我們朝著靈魂所在的山頂攀登吧！呼吸純淨清新的空氣。如果將傳播啟示錄的方式僅限制於書本之上，或是某段古老的時段，那是多麼狹隘的觀點！在提供一些啟示給虔誠的信徒後，我們可以合理地認為上帝已經離群索居了，並且切斷了引領人

們到達自己真相的力量。難道這個平靜低沉的聲音已經沉默了嗎？難道那個曾經反覆揭露神聖虔誠和鼓舞人心的靈魂已經不再相信神的存在了嗎？是不是只有一個聖地，就是耶穌出生的那個地方！又或者說並不是每個地方都能成為巴勒斯坦，那個耶穌出生的地方。宗教是不是歷史的產物，存放在一個器皿，用以安置我們的靈魂？又或者說這其實是一種生機勃勃有活力的多年生植物？不管我們選擇哪一條路，我們總會透過偉大的作品而看到他的存在。大量閱讀有關大自然的作品，解決歷史難題，陳述歷史事件的重大含義，滲入到人類心靈的深處，我們隨處可以在一些形式或者傳達的過程中發現上帝。

　　所有神聖的真相在生活，哲學，甚至是在現今的科學中都占據了重要的位置。唯物主義隱藏著人類進化的主要動力，甚至還宣稱這是不存在的。如果我們不能在內心和家裡找到上帝，如果不在田野、森林，或者是閃爍的海面上，如果不在發芽的種子和盛開的鮮花裡，如果不在繁忙的工作時間和安靜的時刻。如果不在人類或憂鬱或明亮的人生經歷中；如果不在社會生活和個人生活的洪流中；如果不在不斷重複的今天和不斷遇見的這裡，那麼即使在耶穌的誕生地，伯利恒的馬槽，巴勒斯坦北部一多山地區的邊界上，在耶穌被釘上十字架的地方和骷髏滿地的小山上去尋找，也可能是

徒勞無功的。如果我們必須創造奇蹟或是神話，那麼我們不妨一起看看當今神聖力量的天工之作，還有那些經過傳統或者神話潤飾過的作品。我們守住自身的意識之門，卻還是有可能會不知不覺讓外在的生命和真理從靈魂深處悄悄地溜走。

《聖經新約》被創作得活靈活現，不可見的或者精神上的都被很好地翻譯成具體的形象，生動活潑，易於理解。但是儘管這層面紗很薄，你的眼睛又是否足夠熱情，渴望以至於穿透這塊面紗呢？不管在哪裡，如果我們能夠找到呼吸著靈氣的人類靈魂，找到一本能夠提升我們思想和素養的作品，一個透過簡單接觸散發善意的人物，一首能夠點燃希望的詩歌，一個能治癒傷痛的友愛集體，那麼，我們就能找到「上帝語錄」最合適最特別的翻譯了。

第四章

聖經和理想主義

　　在理想的馬賽克設計理念中，聖經是一部由精彩生動的口頭描述而流傳下來的作品。各式各樣的角色、歷史、人生經歷、格言、正義和人生等等，不管處於何種環境都只有一個含義，並且終將回歸到集體。從《聖經舊約》的開始直到《聖經新約》的最後，我們都是一級一級地走向專制。每一個令人鼓舞的作者都在其所處的年代和環境致力於從低層向理想攀登的偉大事業，並且在攀登途中做好了相關的標記，以警示後人。由於他們樂於分享，所以他們的靈魂會閃閃發亮。

　　我們通常都會有這麼一種印象，我們所謂的理想，不僅定義著那些不真實的事物。但在現代理想中那些更加高級的思想，認為理想最終是會變成現實的。也許所有的術語都未曾被淘汰，反而常常被引用，不僅用作現實的對立面，還標記著那些虛幻的，甚至是僅僅用作觀看的。貧瘠的理想主義常常被當作譏諷。優秀虛幻故事的作者，道德倫理的解說者，甚至是宗教的教徒們，都常常因為自己是現實主義而感到沾沾自喜，驕傲不已。其實這個定義與其說是事實存在的事物倒不如說這是物質主義。有那麼一種更高級的思想，可以稱作是理想主義的現實主義。但是大多數人都不會承認這是最高級，並且真實存在的。傳統觀念上的現實主義屬於身體感知的範疇。但是更準確地說來，這是屬於未知範疇的。

聖保羅認為凡能為人所見的事物都只是暫時的，只有那些不為人所見的才是永恆的。理想只不過是對未知的一種觀象。心境純潔便能看到上帝。這並不是陳腔濫調或者詩意般的感覺。而是科學的心理學真理。我們或許會不斷地感受到高於物質的優越感，又或者說是一種能掌握外在事物的感覺。我們的理想是一種有力的工具，有了他，我們或許能夠掀開外面神祕的面紗，或多或少地減輕痛苦。

王國就在你的心中，這是承認理想的存在，就有了屬於自己的王國。神的形象就在那裡閃閃發亮，但人類對此意識卻是非常的薄弱。現代教育不僅需要傳授知識，同時也要教導人們如何具備此類意識。拿那勒的預言並沒有教授盛行的智慧模式，完全是引導人們發現內在理想的課程。他的方法曾經讓各個年齡層次的改革者迷惑不已。他意識到主觀創作的內在連繫，並且總是從要事開始的。他意識到關注表面功夫是毫無價值的，所以更加關注事情的本質起因，關注事物的內在而非僅僅表象。

當人類的意識和思想都被提升到一個更高的檔次，那麼相應的外在表現也會跟著改變。理想人物有很多，但理想只有一個。我們能夠無限接近目標卻不能夠完完全全地實現，因為這是無法定義的終極目標。這看起來是宇宙中的萬事萬物，包括人類在內，都未進入其常規軌道，也沒有完完全全

地實現他們的使命，但他們仍然在真誠堅定地尋找著公平和正義。理想是宇宙的驅動力。壓力和摩擦力或許能夠推動改革，但改革仍然需要溫和的說服力和誘惑。

我們的吶喊，我們的想像，我們對未能窺見未來的願景所表現出來的不滿，都來源於我們對完美孜孜不倦的追求。我們提及一種理想的事物時，如一幅畫，一座雕像或者一個人，都帶著是否具有高尚品格的感覺去判定，而所謂的理想主義也是類似的。沒有事情曾被完完全全地意識到。最終的完整性是會退化的，或者是遠遠都不能達到的，因為使命仍然未被完成，所以其能量也在不斷形成。能夠把握住理想的人就是生命的主角，能夠更加有力地強化自身的形象和喜好。這並不是突然出現的事物，而更像是那些成長在樹幹裡留下一圈圈的年輪。從心理學上看來，對於理想的簡單冥想是一種行之有效的方式。

聖經的主旨和趨勢是高舉著精神生活的理想主義旗幟。聖經並不是引導大家僅僅關注聖經，而是引導人們關注內心，提升內在修養。這是一部服務性的著作，涵蓋了各式各樣的物質，消極的和積極的。雕刻家努力地從一堆堆粗糙的大理石堆中釋放出被困其中的美麗雕像，而故事或者小說的作家也讓作品中的英雄不斷從毫無希望的物質世界中不斷地進化發展，所以說主觀型的藝術工作者都能讓客觀活動更加

符合內在的模範。每個人心中都有一個潛在的天使。這個天使就存在於無休止的痛苦與意志堅強的毅力鬥爭過程中。人類心中神聖的存在通常是伴隨著一系列低級庸俗而消逝。逝去的理想人物就像是被破碎了的陶瓷，他們的生命也已經戛然而止。

人類心中的聖潔與上帝的本質是一樣的，但人類對於真相的認知仍然處於初級階段。這樣是最好的。畢竟人被創造出來就是為了成長的。如果在特定的時刻，一個理想人物仍未被更高級的靈魂人物或者更年長的天使所取代，這就意味著停滯不前。詩歌常常歌頌著永恆的歇息，但是消極被動的消失並不是人類的所作所為。完全絕對的滿足是不正常的，這是一種變態的行為。某種對神性的不滿足確保了永恆的成長。被點燃在人類靈魂深處的燈光是不會熄滅的。

理想是無形的真理和現實，也是人類一直在如饑似渴地追尋著。人類並不能很好地詮釋本身坐立不安的感受。當他們渴望靠近更高級的靈魂時，卻無力地彷徨徘徊在眾多低級的模範當中。不滿會持續存在，直至找到崇高的氣質並被喚醒。我們不能在事物中看到順序，卻必須在人類靈魂中樹立起來。

人類現代的生命歷程有意識地運用簡單的身體感覺去開啟。每個人都具有無限的潛能，只有當他們的精神部分在不

斷擴大時，相對感覺意識來說，人們才有可能激發最大的潛能。從早期物質意識的觀點看來，靈魂就是越來越高級的實驗式和教育性的修行。但這只是針對早期的一場培訓。提升即是走進內心。因為與世界的粗暴接觸而傷得鼻青臉腫，垂頭喪氣的靈魂或許只想在聖潔的中心歇息，並與內心的上帝溝通交流。他可以坐在那裡單獨與理想人物面對面地交談，並一同暢想完美的愛和精神自由。「人類可以以死去的自我作為進升的階梯，向更高級發展。」一個人只有在他超越自我的希望中才會感到滿足。

靈魂擁有真實而富有創造力的力量。他總是不斷地改變自己，讓自己的客觀世界對自己更加清晰。同樣一個物質世界，對於不同的觀察者來說，或者是明亮，或者是黑暗的，而實際上卻是活著的和麻木的。他們的區別在於千變萬化的內在反應或者是再次重裝。希望也是可以培養並逐漸變成習慣的。在靈魂的通道上，自我能夠塑造一座雕像，或者掛一幅自己設計的圖畫。他們似乎就在那裡生存和呼吸著新鮮的空氣。專業設計師的技巧也許會退化，但是看不見的天才的智慧一直在不斷增加。

聖經，在靈魂的詮釋下，指的是靈魂人物的故事。學者派的教條將這部作品描寫得十分枯燥，一點也不吸引人。文字間的現實和物質性隱藏了內在的光芒。為了讓靈魂人物的

高尚品格轉換成生動活潑的精神表達，他們被呈現在各式各樣的環境，透過各色各樣的角色詮釋在不同的角度，不同的燈光，並且測試他們面對不同的年齡層次，不同的種族，不同的國籍和不同政府模式的適應能力。透過這樣，神聖的原則融入到富裕的人們和貧窮的人們，有教養的人們和沒有素養的人們，高級的人們和低層的人們的生活當中。其價值也彰顯在每一個發展歷程，每一個階段當中，從幼稚發展到成熟。其塑造能力滲入到生活的方方面面。美國著名的思想家和詩人艾默生曾經理智地說過：一個人具有千絲萬縷的關係，卻還有一個根部，其花朵和果實便是整個世界。」

　　誰能夠完整地定義理想呢？他的相關因素必須是愛，善意，真理和美貌嗎？全部都是，那麼聖潔的完美也都包括在這麼一個圓球當中。當理想抽象地說來是完美時，那麼人類的外形也必須保持一致。雖然抽象是不可知並且是無法實現的，它對意識的影響卻是不可估量，非常重要的。我們的終極目標是愛，一種普遍的愛，也是一項明顯的優點。但這同時也帶有很多附屬物。愛包括美麗，真理和善良，並且讓他們更加富有活力。美麗不僅在於勻稱的比例和外在的表現形式。其表現出來的其實是一種和諧。他把握住不和諧，並且對其進行再創造而使其變得更加理想化，有序地掌握他並且賦予其靈性。我們再次被引導回到主觀世界。美麗是發展過

程中的一種反映，所以這是一種重要的靈性特質。即便是藝術都不可能完完全全是客觀的，所有外在的美麗都僅僅是一件藝術作品。每一個觀察者或許都會為一座優雅的雕像披上純潔和性感的外衣。

真相是一種正常的形態，是遵守法律的理想夥伴。每個靈魂都意識到大自然和藝術的真理，這就是他們的征服者。對權利、正義和真誠的愛不僅僅是本能的，而且還是鼓舞人心的。「人類天生就是朝上看的」，那個開心的現代魔術師特梅林科如是說道。

我們都生活在最高處，還能在哪裡生活呢？這就是生活的唯一居所。如果所有事物都陷入緊缺的狀態，這仍然不是可以生活在天堂的機會，而是應當警醒，應當引起大家的沉思，又或者說是有點神魂顛倒的時候了。儘管你已經有了些許空間，你是否想過上帝不在那裡，也不可能在那裡。上帝是住在高尚的地方。如果你抱怨只有一個人的孤單，抱怨沒有大事情的發生，平平淡淡的，抱怨沒有人值得去愛，抱怨自己不被他人所愛。你真的認為這是真的嗎？我們所經歷過的事情，都是很棒的經歷。並且我們已經生活在世界的中心。居住在靈魂深處的那一位理想人物擁有的是一種神聖且獨一無二的思想，是對人類根源的無限吸引，也是一種不斷向上帝靠近的渴望或者說是抱負。最終以及最高的善行是一

塊外部的磁鐵，一種道德的完整性，決定著外部精神。我們稱作以人類形式呈現的聖潔理想是化身，將兩者合併成為一個被表現的物質實體。這個實體被命名並且有著舉足輕重的作用，因為他證明了一項普遍存在的法則。這並不是變態或者超自然的，而是符合大自然發展規律的。玫瑰的理想是開花，而它轉世投胎之時即是命運完成之時。每一個法則在其航程中都有著或高或低的應用。不管是從物質層面，還是從精神層面上看來，都是有著非比尋常的重要性，有生命的高潮，也有不如意的低谷時期。大自然的生命，還有人類的希望，都正在向靈魂人物靠近。

「在猶太教的第一祭司長，摩西的兄弟亞倫的枝條上的蓓蕾中，

孩童般的先人遇見了上帝，

少點懷疑，多點信任，我們在草叢中讀到了 ---- 神聖。」

「幽靈從何烈山的灌木叢中現身，

與早期的信仰和簡單的民族交談，

而現在，撢去我們柵欄的每一個灌木叢，

我們會發現，驚人的無所不在的神靈正在光榮地閃耀著！」

　　與上帝分離是一個代價多大的錯誤啊！而這個並不是他
們的本意。耶穌的意識常常作為一個形式化的陌生人而被引
入。人類曾經權威性批判的行為是無能，也是腐敗的。因
此，人類為自己樹立在前面如鏡子般的模範給阻礙了。

　　實際上，真理是不具有實際操作性的，除非被活化成一
個典範，他才會具有真正的生命力。羅西尼所做的歌劇，《威
廉泰爾》是否曾經作為一種事實或者是事件存在過並不重
要。但是書中體現的愛國主義和英雄主義卻有力地塑造著瑞
士人的性格，形成了人們普遍對自由的熱愛。理想比一千個
大事件更為重要。歷史是毫無意義可言的，除非是活著、真
實存在的。「讓死去的人們掩埋他們死去的身體吧！」大量
的證據表明，在哥倫布發現西方大陸之前，西方大陸的意象
就曾經出現在歐洲人的意識當中。理想反對並且撤退了一次
又一次的時間。不要把理想藏匿在枯燥膚淺的意外發生事件
的後面。要高舉理想的旗幟並且讓理想閃閃發亮！讓每個都
凸顯其獨特的性格，那麼他們與所描述的會越來越接近。相
應的法規和原則就存在於我們的身體語言裡。

　　聖經類文學中特別描寫了環境和自然法則之間的相對價
值。一段純粹歷史的章節或者歷史的表述，卻僅僅保持在上
層建築的領域，這實在太局限了。一個重要的原則必須扎根
於當下，並且活在當下。聖經的精神精髓很多時候是表現在

其詩意的或者理想化的形式當中,而不僅僅是文學或者歷史方面。事實是固執不變的,很多時候已經是「死」的,這是一種屏障,是發展過程中已經發生出現過的事件。而聖經的詩歌激勵著並提升了源源不斷的想像力!現代人對於聖經的不聞不問很大程度上是因為過度關注那些或是真實的或是不確定的事件。有希望的真理才會鼓舞人心。令人感到奇怪的事情,大家都傾向於探究表面現象而不是挖掘最深層面的原因。顯而易見的是,那些千篇一律的慣例和傳統都是那麼不如人意。而精神本質上就是真實的,並且是由內而外地散發的。「真相能夠讓你自由!」

靈魂人物懂得如何設計未來藍圖,並且計畫著如何大展拳腳。而靈魂必須向前看。過去的經驗和教訓的確會令人受益匪淺,發人深省,這是一種教育性的準則。但這僅是輔助性的,歷史具有局限性,因為真相可能被完美地掩藏著。半真半假的過去並不是鼓舞人心的。儘管這會點亮通往遠方的快速通道。我們所經歷的,我們曾經遭受過的苦難都會溶於歷史的大熔爐,其力量會轉化成靈魂的新鮮血液和力量。就讓我們笑著面對接下來的日子吧!他們會以一個熱烈擁抱作為回報的。如果我們的身體發出不堅定的信號,那麼請忘記我們並不是僅局限於身體的,我們是無拘無束不斷成長著的靈魂。永遠保持一顆年輕並且積極樂觀的心態,這樣才不會

變得智力遲鈍，死氣沉沉或者是被排斥的。

在世界歷史上，從來沒有像現在這樣如此明白了解人類靈感的。隨著研究更加深入到不尋常的領域，知識大海變得更加廣闊無垠，人類的仁慈變得更加科學，更加實際可行，希望也被系統化地發展著，培育著，我們樂觀預測著未來的同時也快樂地活在當下。我們或許可以為了回憶一些過往的經歷而搭建起帳篷在郊外過夜，但我們卻不被允許就這麼透過對比來學習，我們或許能夠從早些年犯過的錯誤中，得到些許激勵以促進個人的發展和提升。相對於人類曾經克服過的挫折和困難，今天的人類已經算是很偉大的了。以色列人的祖先，雅各，帶著抽筋的大腿，與對手搏鬥了整整一個晚上，最終成為了一個新的男子漢並且被賜予一個新名字。如果一個人對自己缺乏信仰，那麼他對上帝的信仰很可能是非常薄弱的。內心的神聖是崇高的，同時也是治療生命中出現傷痛的神丹妙藥。保羅就是一個真正的理想主義者。「高興就會對萬事萬物都懷有感恩之心。」這樣一種良好的精神會轉化苦難，驅走消極的心態，會讓世界變得更加美好。「新的天堂，新的世界」就是理想打敗現實的結果。正如「人外有人，山外有山，」一座又一座精神成就的高峰在不遠的前方向我們招手，每每攀越了一座高峰，就會為攀登下一座高峰打下了堅實有力的基礎。

思想是行為的基礎。在我們的心裡，先知和預言常常會與古時候連繫起來。而實際上，現代人比以往任何一個時代都需要先知和預言的存在。古代的錫拉庫紮，義大利西西里島東部一港市的物理學家阿基米德曾經說過：「給我一個支點，我可以撬動一個地球。」而現代的理想主義者艾默生也發現，一個支點比任何一種物質都要更加容易地撬動整個地球。

作為一部豐富多彩、生動和偉大的作品，聖經，旨在在人類內心深處點燃理想的光芒。在我們前人的作品中，列舉了一些宗教作品中的理想主義元素，所有這些都只不過是想要引出自由這一個主題。

「鼓舞人心的作品無時無刻不在最大限度地觸動著每個世人的生活。那些崇高的精神理想和能夠啟發人類的上帝意識都在激勵著現代的人們。那些偉大的根源並沒有失去點燃新生命的能力。猶太民族的歷史就是一部偉大的劇本，描繪著罪惡和美德的場面不斷地轉換，並且被一個個角色演繹得淋漓盡致。在聖經被樸實無華、自由地詮釋後，其光芒會變得更加清晰，照耀範圍更加寬廣，並且成為人類生命中一股源源不斷的生命泉源。」

　　聖經裡處處都呈現著古代理想主義的氣息。每一個連續的時代都把握著其精髓。真相是舊的，卻永遠都不會過時，而且是常用常新的。其蘊含的內涵在新的年代，新的環境下都會不斷地擴充、豐富。千變萬化的應用，不斷地調整，常常會發生，但是他的光芒卻會繼續照亮我們仍未誕生的後代之秀。

　　那些服務於他們目的的事物為新的耕種環境提供了肥沃的土壤和養分。當太陽東升時，清晨的霧氣逐漸被驅散，現代化的氣息摒棄了教條主義和學術自滿的陋習。微弱的整合和活躍的崩潰同時出現。傳統的人們感覺到基石正在被一股無形的力量有力地撼動著，而那些將要代替他們的新鮮事物卻仍舊沒有出現。但請勇敢一些，當舊的被摒棄，人類意識中的信仰會變得更加強大，宗教會變得更加莊嚴，理想的神祕面紗也會被逐漸掀開。那些曾經滿足於遠方神聖的無限介入理論的人，他們將會被喚醒，並在美麗有序的宇宙中找到自我，找到內在自我的感覺。在這麼一個過渡時期中，這是一個多麼偉大的發現和鼓勵！當勃朗峰（阿爾卑斯山的最高峰）遠遠高於地平線時，無法用言語表達的壯麗就這麼展現在人類面前，而理想也增加了勻稱和令人嘆為觀止的比例，藉以撼動其存在。這不是分離，而是包含在內的。探險者發現他處於一個每人每事都是相互關聯的社交世界之中。大家

開始意識到，與其將其隔離在外，倒不如一起團結起來，友好廣泛地合作、生活。他發現，每一次陣痛，每一個沉重的十字路口，每一次命運的不濟，每一個悲壯的事件，都有其發人深省和有益的產物。這適用於一個更大甚至更加廣泛的計畫。即使所謂的死亡都只不過是更高層次生命的新生以及更加廣闊的機會。不加修飾的表達能夠蛻變成高尚、精緻和華麗的語言。但是理想只對那些睜開雙眼的人感受到他的存在。

從一個真實的角度看來，理想是科學存在的，真理是無所不包的，而科學，或者是正確的真理，不能被隱瞞或者局限於物質領域。沒有其他原則比真理更加適合人類的構成。他是度量中最普通的一個單位。如果一個命題能夠滿足靈魂的需求，並且符合一個渴望，那麼這不可能是假的。即便是神聖的本質也是為人性所度量的。科學上出現了從物質主義快速向精神領域的發展。當準確的研究更為深入時，設計的和個體的證據也會成倍地增加。四面八方的研究內容最終會聚集在一起。每一次發現，每一次發展，都會成為命題的附加證據。

得益於這麼一個設想，法國天文學家、數學家拉普拉斯計算出曾經被當作是太陽系不確定性和不規則性的消除法。相關理想的假設為通向科學實效鋪好了道路並且指明了方

向。科學或被定義為闡述,這是找到實體的理想方法。在我們心目中,這是對真理本能性的承認。不僅僅是一句話,而且是每一句話,每一個文字都被具象化。真正的建設是從內心開始的,而不是所謂的物質實物。我們總是與真理在一起。實際上,更偉大的真理總是比我們所知道的要更為先進。如果卡爾迪亞王國的牧羊人看見了鄰近會講述故事的星星,那麼現代天文學家所面臨的這個故事是多麼的令人驚喜,人們都會用相機記錄,並且做好相關的分類。

不管對於種族,民族和世界,又或者是個人,都有屬於其理想的存在。他們具備轉化和塑造能力。在聖經裡,我們或許會注意到其中的一兩個種類,「人們應該把劍打造成犁頭,或者是修枝的鉤刀。一個民族不應該舉起劍去對抗另外一個民族,他們相互之間也不應該激起戰爭。」(《希伯來先知》第四章,第三節》)「狼應該與羊和平地居住在一起,美洲豹也可以睡在孩子的旁邊。年輕少壯的獅子與牛犢、牲畜同群,小孩子要引領他們讓牛與熊同食,牛犢必與小熊同臥,獅子吃草,就像牛一樣。乳臭未乾的小孩可以在山上自由自在地玩耍,將要成年的小孩應該敢於用手刺探蜥蜴怪的洞穴。他們不應該破壞神聖的山峰,因為土地集聚著上帝的智慧,而水也漫過了海洋。」(《聖經舊約》第十一章,第六節至第八節)「最後,兄弟姐妹們,不管那些事情是否是

真的，或者是值得榮耀的，那是公正的事，那些純潔的事，那些可愛的事，都是一份很好的報告。如果有任何美德，或者是值得稱道的事情，也可以考慮一下這些事情吧。（《聖經新約》的《腓力比書》第四章，第八節）這麼一些英雄事蹟不能不被多次地重複提及。從心理學角度說來，這麼一些人和事都是因為被多次重複提及而變得更加清晰可見，明顯突出。高高地舉起這些圖案，他們就會在心裡閃閃發光，猶如一盞盞的指明燈。如果一個人充滿善意，那麼罪惡最後終究會被否定的。當積極的現實照亮靈魂時，消極的背影也會變得蕩然無存。人類靈魂的目標應該往更高層次或者是向精神意識層面的發展。「宇宙意識」這一術語現在常常被引用指代為超級理想，而這是頗具暗示性的。這表示認知不僅僅是符合物質的發展順序，而且也是使精神完整的一部分。生活或者宇宙中那些支離破碎的事件終將被修復和重組，迷霧和陰暗終將消散，凹凸不平、坑坑窪窪的地方也終將會被磨平。拒絕、否定是本能的一種感受，視覺，不僅僅是本能的、大眾化的，而且還是心靈、精神和愛的和諧。其中包含著對最廣泛最高層的環境的一種靈魂性反映。神聖其實就是我們自己人類本身。憑藉著獨一無二的特性，透過不斷地重複，我們可以將其深深地烙印在自己身上。

第五章

聖經的詩歌和故事

　　任何心靈的啟示，要想真能啟發人類心靈，必須能夠適應接收者的內在條件，必須忽略那些生動的文學作品中富有詩意和想像力的部分，那麼，那些激勵人心、鼓舞心靈的部分也會變得蕩然無存。不同於那些乏味磕磣的方式，這些類型的方式具有十分強烈的吸引力，並且被視為是披露宗教真相的有效馬車。一顆平淡無奇的心固然不可能吸收到那些詩歌裡面的神聖元素，又或者是能夠體會其富有想像力的意境，一些謹慎的觀察人員對於那些西方人類是否能夠完全理解東方人類的思想而心存疑慮；我們應該記得，聖經完完全全就是一本東方的著作。不僅僅是大量的學習，其他任何一種方式都比不上那些久經培養的想像力，它們能夠更容易地從人類的渣滓中篩選出一些有用的金子。那些物質和欺騙已經充斥在聖經作品中數百年了。那些固執但仍有良心意識的正派人們在作品中讀到了極具破壞性的主義文學，而這些主義文學在那些枯燥帶有破壞性的評論中頻繁而強勢地出現。雖然本質上他們是處於相反的地位，而關於以上這一點，他們卻都是贊同的。那些懷疑論者以及無神論者很大程度上是因為缺乏詩意的想像力而導致的，而聖經作品中卻處處洋溢著豐富詩意的想像力。

　　如果不願意承認詩意的方式是揭露聖經真相的一個很好方式，那麼對於虛構的故事或者神話又會有什麼樣的期待

呢？神話故事實際上是告知人們聖經意義的一種行之有效的方式，難道不應該採取這種方式嗎？應用這種方式的意義並不是說神化或者誇大其作用，而是喚醒並且引起人們的興趣。如果這並沒有點亮那些平淡真實的物質實體，那麼就沒有實現目的了。豐富肥沃的靈魂土地就深深扎根在感性的本質。

西方那種粗獷的描述方式，並不能很好地了解到富有想像力、活潑生動的教學方式的重要性，而那些富有想像力的故事和寓言，常常清楚地闡述著那些寓意深刻的原則。那些謎一般的格言在文學的分類下也屬於神話故事的行列，是被主耶穌採用得最多的表述方式。那些能夠直指人類心靈深處的工具需要，是為人類所喜歡的。

西方世界的詩歌主要有兩種表達方式，一種是韻律，另外一種是格律。詩歌必須至少採取其中一種方式，否則就不被我們看作是詩歌了。但是猶太宗教的學者們卻認為他們語言上的詩歌應該更為廣泛。他們的詩歌都有著難以捉摸的優雅韻律，格律都不是必須應用在他們意義上的詩歌。在猶太民族看來，那些音節的呼應對於詩歌來說並不是必須存在的。更深層次地說來，那些真正的詩歌並不取決於語言的一致性，而是其浪漫主義和理想主義的分量。正是那些難以捉摸、富有想像力的設計引出了詩歌的主旨，才接近更深層次

的真相和神聖的奧祕。正是這些迷人的詩歌藝術表現形式在我們心中勾畫出勻稱的畫面，比那些單調展示或者是邏輯的真理顯得更加具有教育性的意義。在這些虛構的故事中渲染到一種戲劇性的氛圍，寓原則於平淡無奇的實體當中，可以讓這些道理顯得更加淺顯易懂，生動活潑，更容易為心靈所接受。

　　第二十三章的詩篇是多麼令人奮發向上啊！但是從散文體的角度看來，裡面的內容又有多少是真實的呢？《聖經》整本書本質上就是一系列圖表和圖片的集合，並且充滿著神祕的色彩，而《格言集》和《約伯記》也同樣處處彰顯著豐富的想像力。很多其他有關聖經的著作中也包含著詩歌，遐思，想像，狂想曲和演講。或大或小的預言都會用詩的形式呈現出來，並有效地控制和調節那些所謂的誇張。西方基督教需要向東方神學學習的是熱情，中庸和精神上的歡娛。那些處理著事實和歧視的邏輯化教條應當有回應，變得更加透明徹底。西方的人們很少會熱衷於宗教，所以也無法從中獲得歡樂。這是一種義務而非特權。如果人類的宗教和精神層面已經是其組成結構中最高級的，那麼在這裡應該能尋找到完美靈魂的力量。

　　所有老師最擅長的戲劇是否都必須遵循那些無聊瑣碎的物質化程序呢？這是一塊未曾經過玷汙、具有高級創造力的

藝術。對那些令人鼓舞的戲劇化活動不滿足的精神饑渴是爆發盲目狂熱的直接原因。人們詩意般的狂熱需要一個發洩途徑，如果這個發洩出口被壓制，那麼這種狂熱便會以另一種更為低級的、不合法的形式爆發出來。人們開始普遍地意識到，如果教堂不斷增加，甚至限制了它們自身現有的影響力，就必須吸收和利用那些消極的力量。人們的意識無法憑藉其自身的力量占有一席之地。戲劇對於成年人來說是自然的幼稚園，透過有形的練習，人類的本質就會暴露無遺，以致於如果否認了純潔氛圍的理想主義的存在，現實主義就會大行其道。

在詹姆斯過往欽定的聖經中，詩篇的文本以一種平淡無奇的形式出版列印，以至於沒有任何外在形式為那些不帶歧視眼光的讀者標記出任何符號。但是在 1884 年的英文版本中，1901 年出版的新的美國標準版本，《讚美詩》，《格言集》，《約伯記》和《所羅門之歌》都採用現代詩歌的表現形式面世。其他書籍中具有類似精神的部分也是正確的，也曾經在《以賽亞書》中的第三十八章中標記著。希奇科克博士在他有關聖約有價值的著作中，認為猶太民族的詩篇，是人類內心的真實反映，也是本質和經驗主義對於靈魂的影響。這是主觀而不是客觀的，也不是說教式，而是抒情的，更不是敘事的又或者是戲劇化的。靈魂和物質結合在一起就產生

了哲學。幻想加上物質就是創造。肌肉和物質，就是勞力。精神和物質，就像我們在《聖經舊約》中提及到的宗教性表達。猶太民族不是哲學家，不是發明家，也不是勞動者，但他們忍不住在《讚美詩》中表達自己的情緒。

《創世紀》的敘事體或許會被描繪成和諧，神祕和永恆存在的完整而充滿想像力的畫面集合。其目的並不是告知相關理解或者是傳授知識，而是激勵靈魂。詩篇並不需要被當作是修飾的文學，而是用藝術形式表達的真理。吸引人們的是內心的感受而不是頭腦的理智。這是精神體驗或者是一種吟誦性的措施。現代流行的是將聖經的詩篇翻譯成冷冰冰的事實或者真理，這些做法有損聖體的有效性以及正確的解讀。

透過多種多樣想像力的東方教學模式中的一個典型例子，記錄在《聖約‧士師記》的第九章，第八至十五節。

「樹成排地前進，並一度神化國王，他們向橄欖樹說，好好地管理我們吧！但橄欖樹對他們說：我應該留下我的肥沃嗎？他們尊敬上帝，尊重人類，無論到哪裡，都會向樹招手。」然後這些樹又走向了無花果樹，對他們說：「來吧！好好地管理我們吧！」但無花果樹對他們說，「我應該留下我的鮮甜嗎？然後讓我們的果實留在這些樹上搖來晃去嗎？」

然後這些樹又走向了葡萄樹，對他們說：「來吧，好好地管理我們吧！」然後葡萄樹對他們說：「我應該留下那些能夠讓上帝和人類歡樂的酒，讓我的果實搖曳在這些樹上嗎？」接著這些樹又走向了樹莓，並對他們說：「來吧，好好地管理我們吧！」樹莓對他們說，如果你們認為我就是統管你們的神靈，那麼請過來將你們的信任放在我的陰影裡；如果不是，請讓這堆火滾出樹莓林，毀滅了黎巴嫩的香柏樹吧！」

　　一陣陣笑聲傳了過來，笑人類性格的多樣性，笑這個時代所發生過的事情，笑對這些結果的先知！

　　《約拿書》純屬是無稽之談，而不是實實在在的歷史事件。不管故事的更改是否具有歷史背景，但是它透過誇張的手法來傳授偉大的道德準則，這卻是顯而易見的。透過想像得出的故事，他想教導人們責任是不可以免除的，或者是犯錯是不需要受到懲罰的。當上帝的語言對於我們而言越來越清晰，並要求我們主動服從的時候，這將會是徒勞無功的，我們會逃之夭夭，試圖逃避這些神聖的職責，這無異於是完全的否定。憤怒和自私也接受了來自於上帝的譴責。這個故事不僅講述了一個人的奇怪歷險記，更是講述了人類心靈各式各樣的力量。所有角色的狀態都被具有想像力的物品以戲劇化形式一一地呈現了出來。

　　為了喚起東方種族孩童般的性情，圖片式的教學方法是不可或缺的。安德森博士在其最具有價值最有趣的作品《更廣泛的信仰》中說道：我們在敘事中看到的是第一個基督徒的宗教式想像，他們致力於為理想化的彌賽亞構築一個通往世界的入口。試想一下，天使自由自在地向伯利恒草原上的牧童吟唱，彌賽亞也在這一天誕生，天堂之門敞開，解放了一群居住在天堂的人們，伴著自由的彌賽亞歌曲，為外人所聽見，一首首歌頌耶穌的讚美詩。「至高無上的上帝啊！在和平的大地上，上帝終將會走向人類。」將所有的詩歌從敘事體中釋放出來，釋放那些精神真理，這些真理最終會回歸至人們心靈的深處。讓這些敘述性的文體變成真理和詩意的表達，這不僅是錯誤的，更被看作是毫無價值的。只有當我們不再把他們看作是外在事實的枯燥陳述，而是將其看作詩歌或者戲劇的時候，我們才能更好地保存他們，並用作宗教的用途。歷史的評論將會繼續抗議前一種解讀，人們也會繼續反對這麼做的。智者從遙遠的東方過來，還有那些神祕奇妙的星星，天使從天堂往下看，唱著好聽的歌曲，這並不是歷史，而是詩歌。」

　　想像力是人類生命的偉大動力，並且掌控著那些未見和永恆的事情。信仰和樂觀的缺失是一種根本的限制。聖靈降臨之日並不是平凡乏味的敘述結果，即使這些只是事實，但

是理想必須超前於現實。靈魂驅動的創造性的宗教力量存在於意識的幸福區域。一些哲學家們曾經說過,讓我們為一個國家創造一些歌曲吧!我並不在乎是誰創立了他們自己的法則。基督教的意識遠遠超過了歷史事件的影響。不管是純潔還是錯誤的,讚美詩在塑造宗教信仰上的貢獻比理論化教條所做的事情還要更多。在穆迪和桑基傳播福音的偉大旅途中,在說英語的世界裡,歌曲的服務對於人們來說要比來自訓斥的影響要大得多。在每個歡樂的季節裡,那些偉大的讚美詩、宗教戲劇、唱詩班甚至是獨唱,都曾經融化過人類的心靈。在聽到現代演唱家的偉大歌曲後,成千上萬的人都忍不住狂喜:「我知道我的救世主是活著的。」

　　修辭和演講的藝術本質上都是詩意的,即使並不是直接賦予詩意的主題。那為什麼他們在《聖經新約》的《福音全書》中又是這麼罕見的呢?毫無疑問,生活中那些枯燥和物質化的趨勢是那麼普遍,以致於更加高級的感受和東方式教學方法看起來是那麼的別樹一幟。現實生活中能夠帶著能量閱讀聖經的管理層的確是少之又少!清脆有節奏的聲音堪稱是一首詩。真理需要更為流暢和清晰的演示,大家都希望能夠阻止演講藝術走向衰落。我們需要利用發音,動作和印象的魅力進行強而有力的表達,散發表達的魅力!而這些遠遠比理論化的學術體系重要。那些具有豐富想像力藉以點

亮真相並且用迷人的外衣為其包裝的人們，擁有塑造人類靈魂的能力，而這些即便是非常出類拔萃的邏輯學家也完成不了的事情。枯燥純理論的基督教精神或許會存在，但如果要繼續存在下去的話，他必須奮鬥。智力上的自滿以及蔑視本能所犯的錯誤，有時候甚至否認本能的存在。將這種歧視應用到復活的教義中，一個非常優秀的牧師觀察到：如果耶和華的復活被轉換成是歷史和物質的，就會使精神上的「耶和華」黯然失色。如果耶和華的復活已經變得當地語系化和短暫化，僅僅將其看作是永遠存活的榜樣和曾經的伊曼紐爾，那麼宗教信仰是在走向衰落，而不是繁榮。如果人類的靈魂需要被救贖，那些參與其中的人們首先需要學習相關方法、特點、方式以及自身力量的亢奮點，而不是直接關注客觀事實和教條。引擎在每一個細節中或許並不是最完美的，如果按其運作規則花費精力，那麼它也會像垃圾一樣毫無用處。

想想《創世紀》的故事，伊甸園的故事，大洪水時代的故事，諾亞和方舟的故事，或者是作為傳說，或者是作為一種象徵，又或者作為一種神話，透過他們有了自己更高層次上的解讀，這並不是在蔑視聖經，反而是對聖經的一種尊重，一種闡述。沒有任何其他東西比那些公開誤解詩意和富有想像力的教學方法的人，更能破壞聖經和真實的《福音全

書》。如果聖經是需要深入靈魂深處並且填補其不足和需求的，那麼聖經應該以一種透明靈活的方式呈現而不是生硬的形式。神聖真理的主要目的在於適用於人類，但其悲劇在於無法被人類很好地消化。各式各樣的文學形式與陰暗的多樣化結合在一起，賦予其獨特的魅力。那些偉大的真理透過詩歌，小說，誇張的手法，諷刺的用法，暗喻和奇聞等方式或者方法呈現出來，顯得更加生動形象，也更加通俗易懂。

　　那些曾經對世界產生過深遠影響的著名作家，不管是在聖經著作方面還是在其他文學著作方面，都是具備豐富想像力的。他們並不是空話連篇，或者不切實際的，而是具有創造力以及實際活動能力的。他們不僅指出了潛在的法則，他們還能窺見事物最終意義所包含的理想和完美的一面。由想像力所產生的作品很棒，這是一種真正的藝術。團結，和諧，細節，全部合起來就是美麗。聖經是一部精神鼓勵和歡愉的作品，呈現了對萬花筒似的生命的不同見解。在白天，聖經在山中的行文方式就充當著雲柱；在夜間，聖經在山中的行文方式就充當著火柱。想像力是宗教作品中卓越不凡的一部分。但是在實際生活中，人們很少能夠發揮想像力的優勢！擺脫生活以及聖經中的無趣和枯燥，讓他們與生俱來的美麗引領人們贏得他們心靈的肯定。

「我睡了，夢見生活是那麼的美好，

我醒了，發現生活其實是一項職責。

難道我的夢僅僅是一個虛無的謊言？

辛勤地工作吧，悲傷的心靈，勇敢一點，然後你會發現那些夢，

是午夜的一盞明燈，終究會變成現實！」

第六章

那些奇蹟的和超自然的事情

　　那些不可思議的奇蹟以及超自然的力量，一種作為事件的描述，一種作為分類的名詞，都有著它們截然不同的定義。由於兩者之間可以相互交換的應用，誤解越來越深，越來越多的不一致也隨之出現。其實如果人類能夠花多點時間去更準確地理解二者之間的區別，那些誤解完全是可以避免的。何為奇蹟？僅僅從字面上的簡單意義去理解，就是一種奇蹟，一種對於經歷者而言是奇怪的不經常出現的事件。但是確切來說，這表達了某些事件實際上是神靈直接干預的結果，是超乎自然發展法則領域的事。雖然它的重要意義已經在急劇下降了，但仍然作為一種情緒縈繞在很多人的心裡。

　　那什麼是超自然的能量呢？實際上這僅僅是自然更高層次的領域，屬於一個更精確微妙的領域，但是卻與一般領域一樣正常。這合理地概括了那些精神領域和未知領域所組成的一個整體。從等級和關係看來，這其實是高於物質領域的。那些超自然的力量，在自然之上，取決於那些自然的事物。不幸的是，如果我們認真思考，就會發現真理的起因，就是這個術語，自然，已經變得受制於物質的領域。相對於精神世界，我們能夠知悉自然界所發生的事情；相對於精神領域的人物，我們也更加清楚地了解自然界人類所發生的事情。如果自然這個術語僅僅是用來表明一種常態的，那些疑惑或許能夠避免。但是當今盛行的二元理論不僅將這個整體

一分為二，而且還把他們放在對立面。物質化的精神和精神化的物質並不是對立的，而只是不同的表述。他們本來就是神祕結合在一起的，不應該被拆散而分開。

　　宗教一直被定義為一項「拯救的計畫」，一個修復的體系，而超自然的力量從特徵上看來呈現為奇蹟。這些都會被當作是神聖和真實性的證明。正如耶和華和他的追隨者所呈現的那樣，他們被當作是從上面到來的證書，以及他們所受的教育比人類還要多的憑證。如果沒有親眼所見機器，又有誰會看見奇蹟的發生？人們常常會要求：「上天請給我們一個指示吧！」年復一年，我們也明白到基督精神和奇蹟是相互依靠，共同進退的。羅威爾曾經在不合理要求指示的著作中說道：

　　「噢，力量，比生命本身更加靠近我的生活！
　　我並不是擔憂他們的退縮，我擔憂更多的是：
　　看吧，他們是不會被指示和奇蹟的幻想所蒙蔽的，
　　而在不經意之時，漫步經過花園，
　　與人類交談，就這麼錯過了與奇蹟會面的機會。」

　　法則普遍性的發現是所有現代發現中最重要的作品。在這裡或者那裡，又或者更遠一點，一些罕見的、預知的靈魂人物曾經意識到按照自然順序發展的事物，其中一個人物便

是生活在十六世紀後半段的理查‧胡克。在各式各樣美妙的
形式中，再也沒有比詩更加具有科學性的了，他寫道：人們
都認為，法則是處於上帝的胸懷之中，其發出的聲音是世界
的協奏曲；天堂和地獄的萬事萬物都對她非常尊敬，最輕微
的生命也能感受到她的眷顧，最偉大的生命也免除不了她權
力之下的管控。現代化進程中發生的所有奇蹟都隱含著一個
偉大的法則，那就是宇宙是在有序地運作當中，每一個細節
都是穩定不變的。數之不清的實際發明，每一個自然力量的
應用，當然也少不了那些曾經照亮過人類靈魂和道德上的真
理，他們本質上具有亙古不變的規律性。如果任何一個偉大
的工程曾經違反有序的法則，那麼上帝一定是反覆無常的，
而道德體系也是雜亂無章的。實際上，很多了不起的發明或
者神奇的事件都是遵循著那些我們一直遵循卻從未察覺的法
則。這樣一種管理方式是合理的，並且從各個角度得到證實
和確認，那些冗餘的教條隨處可見，而奇蹟卻是獨一無二，
並作為一種啟示出現的。認知上的偉大變革正在有序地進行
當中，雖然這些觀點已經為大多數人所接受，但人們還是會
躊躇不定的。當今透過科學方式解脫的物質以及精神世界上
的每一次呈現，都是從屬於那些普遍存在和亙古不變的法
則。神聖的心靈和生命，這種獨一無二的力量，透過內在的
因果關係表達自己，是一種無限制無遺漏的關係。這對於信

仰而言是個多麼沉重的負擔！上帝借用其外在的美好方式欣然接受，並根據人類的要求間歇性地進行干預。過去的護教論者曾經阻礙宗教的發展，他們曾經想真摯地進行對比從而做出解釋和辯護。

但是從另外一個角度看來，我們不能果斷地否認那些曾經發生過的不平等事件的偶然性，因為我們仍然未能意識到這些法則的存在。我們僅僅是發現並標明宇宙運行法則中很小的一部分，必須有意識地彌補其局限性。進行深入研究後，發現了未曾發現過的領域：這些自然法則不僅適用於物質世界，同樣還適用於心理世界和精神世界。接下來這偉大的一步將會是：承認該法則同樣適用於心理世界和精神世界。又有多少人能夠看穿，心智和靈魂是與神聖心靈一直在和諧地合作著？又有多少人曾經接觸過心靈治療領域的事情？暗示，信仰，心靈感應，想像，心靈之聲，精神恍惚和著魔迷惑，每個領域都有著受用的真理。隨著人類越來越熟悉神聖的方法和其潛在的力量，他將會更加懂得運用那些未被發掘和忽略的無限潛能。違反那些已知的或者未知的法則都會受到懲罰。

誰能夠判定那些紀錄在聖經上的神奇事蹟的真假呢？顯而易見的是，兩種流派都不符合這個方向。第一種流派信奉神奇的力量並將用文字記錄下來。另外一種流派則錯誤地處

理著這些神奇的事情，包括那些否認任何不尋常時間的正確性和歷史性的人們，因為這些事件超出了他們所認知的法則和知識的範圍，並且與其固有的經驗相違背。這裡就存在著關於教條主義兩種對立的表現形式，而要決定哪一個更為不利，這也不是一件容易的事情。第一類表現出一種與知識不符的無知態度，另外一類則是一種盲目的信仰和唯物主義，而這種唯物主義或許比迷信顯得更為消極。

任何利用冷靜和當今實事求是的觀點來研究聖經中的超自然因素，這都是不正確和膚淺的。古代的猶太民族確實是「一個罕見特殊的民族」。相對於其他周圍的民族，他們不僅在對神教和耶和華尊敬方面的貢獻是卓越的，他們天資聰穎的先知和領導是優秀的，他們宗教靈魂的觀點是獨特和與眾不同的，而且他們還促進了神祕主義，超自然論和心理學的有效發展，不管是理論上還是實際上，都是如此。那些不為多數人所意識，只是吸引了少數人注意的奇怪的心智現象，形成了生命中主要的追求和興趣。對比之下，他們和周圍的人們並不是一致的。只不過相對於現下流行的超自然論，他們的觀點，所認為的奇蹟以及其他身心體驗都要更加純淨，心智也更為與眾不同。這些東西隨後變得更加大眾化。大家開始追求與主體或者是那些未知客觀的交流。冥想，魔術，對鬼怪的信仰，異常的洞察力，巫術和奇蹟，這些都是見怪

不怪的了，具備了不同層次的道德品格。在現代西方文明的意識中，暴力是可恥的，是完全不真實的，而對於大多數人來說，這都是一種合情合理、司空見慣的現象。古代所謂的「智者」在現代意義上並非都是有教養的。但是在各式各樣或高或低的等級中，他們都稱得上是神奇人物。古代的課程主要由暗號和奇蹟所組成。很少會有聖經的傳統讀者能夠完整地理解聖經裡充斥著的神祕色彩以及超自然理論，而恰好因為這樣，聖經對於世人而言是一本遙不可及的作品。在現代人的意識中，聖經已經從現實生活中脫離了出來。精神力量也變得只是象徵性的、不真實的，而不是具體可感的，與物質領域更是毫不相干的。

　　無論是在《聖經舊約》還是在《聖經新約》裡，都有著一系列關於奇蹟的紀錄，這一點也不符合道德倫理，也與日常大自然的發展規律大相徑庭。這些所謂的奇蹟，有些是善意的，有些卻是殘忍的，有些從字面上看來是可行性的；而有些卻是天方夜譚的。令人驚訝的是，這些奇蹟又是如何發生的？那些輕視聖經的人或許就是聖經的破壞者。那些文學家認為聖經是不可靠的，其記錄的奇蹟根本就不符合道德常理，純屬是無稽之談！教堂內某些閃亮的燈光已經熄滅，人們圍繞一個不能再被推遲解決的事件而進行著辯論。推遲解決某些有關公正嚴肅的事情，這導致了更多對聖經的不信

任。對某些重要事件的經常性回避，再也不被認為是對書面紀錄的一種友好行為，做出應有的解釋聲明，不管是不是遙不可及，又或者是不明智的，都會被看作是一種辯護性的行為，僅此而已。作為一種對原則的具體闡述，或者讓我們來看看埃及苦難的一個紀錄。《聖經》第二卷，《出埃及記》第七節，第八至二十五行紀錄如下：

「上帝對摩西和阿倫說道，當法老對你說會展示一個奇蹟的時候，你應當告知阿倫，讓他緊執杆，狠狠地在法老面前摔下去，這杆就會變成一條毒蛇。摩西和阿倫於是聽了上帝的話去找法老，並按照上帝的吩咐，阿倫在法老及其侍從面前摔下杆，杆變成了一條毒蛇。法老找來了智者和魔術師，埃及的巫士，也像阿倫他們那樣施以類似的魔法。每個術士都摔下了自己的杆，而杆都變成了一條條的毒蛇。但阿倫的杆吞下了其他所有術士的杆。法老的心從此變得堅硬，再也聽不進任何人的話。而這一切，都正如上帝而言。」

「上帝對摩西說，法老的心非常固執，他拒絕放走任何人。到了早上，你去找法老，讓他走出水裡，你站在波光粼粼的河邊，與法老會面，那根會變成毒蛇的杆會被吸進你的手裡。你告訴法老，是上帝和猶太民族的神把你帶到他的面前，讓他放了那些人類，那些人類或許會在荒蕪的叢林裡為

上帝服務。如果不肯放走人類，那麼他的心再也不能聽到任何聲音。上帝如是說。」「由此，你便可知道我就是上帝。看吧，我將與手裡的杆一同在河邊歡笑，然後將河水變成血水。河水裡的魚將會全部死亡，河水也會發出陣陣惡臭。那些埃及人將會討厭飲用該河的河水。上帝對摩西和阿倫說，舉起你們的杆吧，從你們的手裡伸展出來，穿越一條又一條埃及的河流，小溪，池塘，水池，將他們的水都變成血，這些血將會流向整個埃及的領土，甚至流入每一個樹林，每一塊石頭。摩西和阿倫於是按照上帝的吩咐去做了。他們揮起了杆，在法老及其侍從的眼前，將所有的河水變成了血。水裡的魚全都死了，河水也發起了一陣陣的惡臭。埃及人不能再飲用該河的河水，血流遍了整個埃及的領土。埃及的魔法師也像阿倫他們那樣實施了魔法，法老的心再次變硬，聽不進任何人的話，也應驗了上帝所說的話。法老轉過身去走進了他的房子。所有的埃及人正到處挖掘能夠飲用的水源，因為他們再也不能飲用變成了血的河水。七天之期到了，上帝毀了那些河流。」

不少人把這個當成是文學故事，因為這僅僅出現在《聖經》裡面。而更有一個消極的評論，否認這件事的存在和真實性，有些人甚至將其否定，認為這是一件光榮的事情。但

也有一些測驗卻表現得更為明智。那些崇尚自由、胸襟廣闊的學生，包括作者和教父，避開一些主要的疑問，奉獻他們的一生，不斷追求能夠對聖經做出專業的詮釋和說明。如果人類能夠更加勇敢地利用他們的理性，聖經對於未來的積極影響則會更加深刻長遠。如果要對這些事務以及引用過的根據來進行闡述說明，是否有可能呢？或者是透過當代的學術研究？又或者是對其與眾所周知的事實作出對比？又或者是同時應用以上兩種方法？

　　與印度的行家相比，現代西方的催眠術師只不過是個超自然論的新手。不過即便是個新手，他們常常有能力讓一個或者多個物件合在一起，能夠看到那些不具備實體的物體並且體會到他們的感受。魔法的施展表明，超自然論還有廣泛的領域至今仍未被西方國家所開發。而在當時的東方國家已經經常可以看到這樣的魔法或者招魂術。對這些特殊力量的全面認知至今仍然受到某些祕密程序的限制。但是已經有充足的證據，證明這些特殊力量是在發揮著作用的。遊客和當地的印度居民已經多次目睹了這些神奇的鏡像。熟練的巫師可以施展魔法，幾分鐘內在眾人面前從堅硬的地底變出一顆具備相當規模的樹。他會在空中拋出一根繩，然後往上爬，直至消失在眾人眼前。有一定體積規模的物體可以在細心觀察者的眼皮底下消失後又重新出現。而當時的環境讓任何一

切用手變出的詭計都是不可能的。最理性的解釋是，巫師利用心智的力量，對眾人進行了短暫性的催眠。所謂的親眼目睹僅僅是心理上的認為，主觀認為並非是客觀的事實。西方世界的我們，相對於其他世界的人而言，對於超自然力量的認知僅僅停留在初級階段。東方世界則是嫻熟魔法的發源地，尤其是在遠古時代。而古時代的現象與當今的現象之間就不可能有任何的改善或者連繫嗎？回溯到歷史的開端，阿卡德人，迦勒底人和亞述人的超自然論，象徵主義，冥想，恍惚，對鬼怪的崇拜和魔法，巫術等，一直都是與生命如影相隨的。世界上少有的客觀的物質或者是機械化的思想，但是神奇的事情卻是隨處可見的。即便是政府，也是被奇蹟、神靈啟示、來自上方和下方的未知傳信者、先知和聖潔的解釋所影響著。生命是灰暗的，具有其獨特的語言符號系統，同時也是神祕莫測的。亞伯拉罕，猶太民族的偉大始祖，就是誕生在迦勒底人的烏爾，古代美索不達米亞南部蘇美的重要城市。相比較於他身邊的其他同行者，他的遠見更加純潔，其意識更具有高瞻遠矚性。對於他而言，上帝就是隱藏的現實，而一切物質實體都是次要的。他的猶太民族後代一直生活在愉快喜悅的氛圍裡，這種氛圍對於他們而言已經是與生俱來的了。他們一直過著充滿夢想的主觀生活，大自然對於他們而言只不過是未知世界的一塊面紗。他們之中不乏

有能夠通靈的巫術師，不斷在創造奇蹟，從腐敗的黑魔術到純潔神聖的白魔術。人類能夠從周邊事物中看出神的存在，但是其理想層級與性格標準是互相呼應的。

　　將年齡歲月的獨特發展歷程時常銘記於心，而這些曾經指出我們，或許並沒有理性地闡釋過我們常常引用的聖經。要的的確確地將尼羅河、河流小溪、池塘、山間小溪和埃及土地上的石頭全部變成血液，實際上這是與大自然的整個發展史相違背的。正如我們所知道的一樣，這樣一個事例中的文學性其實並不合理的。而我們無須否定的則是這個事例的寓意性，並且體現在字裡行間。每一次摩西在法老面前帶來一個又一個苦難，我們可以得知埃及的通靈術士也會以牙還牙。如果摩西真的將土地上的水全部變成血液，法老的侍從們又怎麼可能馬上實現同樣的法術？這樣的做法是否可能呢？而又是因為什麼，他們要對其子民做出這麼毀滅性的事情呢？故事中發生的事情都在表明，摩西的故事，其他通靈巫術師的故事，在法老及其聖殿裡發生的超自然事件，這些都只不過是一幅沒有實際意義的生動戲劇化的心靈劇照。在一段有限的時光裡，所有的現實因素無疑都是膚淺表面的。我們不應該關注，這是否只是催眠術與其他超自然力量的混合作用，因為這無疑是性格使然的。在當時，埃及的智慧是廣博的，而摩西更是具備崇高智慧的有教養人士。但是他神

聖性的目的以及被某個上帝所承認，被賦予了術士的身分，具備了超越其他「通靈術士」（請注意這個詞語）的高級法力。摩西手上那條杆，又或者是魔法的想像，曾經在法老及其侍從面前施展，證明了他是擁有更加強大的權利，或者說具有更加深刻的現實意義。然而，每一次，在施展了神奇的法術後，法老都改變了其心智，（讓他的心變得堅硬），因為對於他來說，事情已經改變了正常的軌跡。

如果讓我們生活在與日常生活方式完全不一樣的時代裡，這並非是一件容易的事情，現代的超自然論也是如此，尤其是在印度經常被施展的催眠術，這些或許都是關鍵。根據一種實事求是的態度，幻想和法術看起來或許都是非常純潔夢幻的，但他們的確在這個世界上占據了很大一塊空間，他們或許正在為這個物質世界蒙上了神祕戲劇化的色彩。想要更加準確地對聖經做出詮釋，最大的困難並不在於無能，而是欠缺將當時所處的年代以及地域色彩考慮在內。如今，我們痴迷於各式各樣意義明確的優良特質，而我們的收容所裡收留了不被廣泛了解的奇怪弊病的受害者。毫無疑問，這兩者本質上是一致的，就像在耶穌年代那些邪惡的精靈所擁有的一樣。聖經是如此的遙遠和神聖，以至於幾乎不為現代人所關注。生命，不管是在古代還是現代，只要條件相似，都是一樣的。對於某個年代和諧的研究都能為其他人帶來啟示。

　　在曾經引用過的故事裡，上帝與摩西被記錄著曾經有過
多次的細節交談。無疑，很多人也曾經相信，這只不過是透
過聲律的顫動將聲音傳輸到耳朵。但是，與人類的神聖交流
一直是高深莫測的，除非人類最終能夠相信上帝與人類是有
連繫的哲學理論。上帝會遵循一定的順序，而某個時代的真
理在其他時代同樣受用。處於動盪狀態的是條件而不是真理
或者原則。除非聖經被用作一塊明鏡指導人們的生活，並帶
到人們生活當中，這樣才能將聖經詮釋得更加準確和正式。
那些蘊含在埃及血的苦難的解決方法之中的原則，或許已經
在《舊約全書》和《新約全書》中被最大限度地進行了多次
應用。

　　猶太民族的紀錄常常是指其鄰近多神教民族的當今流行
巫術、魔鬼學、符咒學和魔法，那些多神教的民族把其自身
的超自然論看得比性格還重。但是兩者之間卻有著驚人的連
繫。約翰·丹尼生博士在其優秀而有趣的著作《救世主對超
能力的見解》中說道：

　　「此處，我們到處都可以得到這種方法的一些提示，猶太
民族的先知也是利用這種方法帶來了愉悅歡喜的局面；有時
候，正是因為音樂的作用，那些先知才會在學校顯得突出，
引人注目。又或者是久久注視著那些在最高級祈禱者聖衣中

的珍貴石頭。在大衛的事例中，上帝之手聽任於一個神祕的指示，這神祕的指示組成了神殿的計畫。」

　　總而言之，我們有充足的證據可以證明這是最好的種族。因為大家忽略了猶太民族的觀點和見解也是在同等條件下與其他超自然現象一同發展的。不同在於猶太民族的超自然理論遠遠比其他理論更有威力，影響更為深刻。當我們關注猶太民族器官的異常特質，其系統的單一性，其起源神聖性的時候，我們或許會很自然地期待超自然理論的不同，就在於它只服務於一個上帝及其正直不阿的性質。因此，幾乎不用懷疑的是在不久的將來，猶太民族神奇的傳奇故事，其獨特的見解，都會被我們看作是那個年代的一部完整真實和自然發展的宗教歷史。

　　實際上，透過對以色列民族的觀點和同類的超自然論進行分類劃分，我們就會發現每個時代某些高尚的靈魂，比如說，法國的民族女英雄聖女貞德，聖佛朗西斯，沙夫納羅拉，英國的宗教領袖喬治‧福克斯，馬丁‧路德金和其他一些更加無名的人物。當處於一個高尚情景的時候，我們就會保留所有這些《舊約全書》中的英雄們的形象和事蹟，清晰得就像凱姆保存了聖保羅的個人簡單檔案，包括他對復活的耶穌的看法，既沒有忽略直覺感受也沒有不顧理性推理。這

些和宇宙的構造是符合一致的，某些超自然現象會出現在特定的條件下。透過一千年的環境變化，自然抉擇和物種專一化，誇大條件，你或許會看到一個優越的超自然品種，這是與其他僅僅是侏儒或者流產相比較而言的。

因為我們無視心靈的法則，所以神祕事件就以上述的方式呈現在我們的面前。真理是無窮無盡的，尤其是在心靈的難懂的特權和練習下，而我們的眼睛當時仍然未睜開。如果我們未能幻想或是帶來快樂，我們是否會無知地認為這個世界上不存在任何物體？又有多少人密切地關注過「心靈的饋贈」？

又有多少人感受過神祕理法的律動，意識到花園中的神奇之聲？又有多少人曾經在內心的寺廟裡祈禱，或者在聖壇上點燃一根蠟燭？在現代這個感覺主導的時期裡，除了其他的需求，剩下的就是精靈魂的臆想。

猶太民族被領導了數個世紀，並不是被物質世界智慧所主導，而是被玄妙深奧的交流、幻想和主觀引導。先知的氣息在上帝的選民身上是那麼地強烈，永遠都伴有優秀的因數，領導者通常是能為人們指明心靈上或者是精神上的方向。那些走在曠野的以色列兒女前的雲柱和火柱是否看起來對於我們感覺來說都是可見的？又或者說他們其實也是心靈啟示的一種符號？或許就是後者，作為一種指導性的力量，

他並不比前者缺乏慈善性。現代的物質主義錯誤地將物質者當作是陰暗的東西，反之亦然。變形術的魅力和有效性難道是依賴於那些土壤的海拔嗎？而這些土壤只不過是其象徵性存在的地方。又或者這只是一種高尚鮮明的內心體驗？又或者這只是摩西和希伯來先知伊萊雅思物質的或者是靈魂的軀體？伊萊雅思曾經在那個時候用證據證明他們的存在。世界的悲劇很多時候都是歸咎於大家都不相信靈魂的真實性。在古代以色列時代，冥想不僅僅是一件司空見慣的事情，而且還飽含深意。歸隱的聖人即使失去外界的連繫，也能夠進行冥想，只是他們很少這麼去做，這樣的狀態持續了好幾個世紀。與其光芒相稱，一個理想人物會尋求外在表達和連繫。他們希望能夠更為具體化，或者說「變成人」。

超自然學說的學徒們聲稱，希臘已經被特爾斐神諭影響和統治了長達數個世紀。他們還認為猶太人的約櫃其實是效仿埃及人神聖的甲骨文櫃子。每個真理都會有其消極以及看似反面的情況的。感觀上的和可恥的巫術是對一般純潔的靈性啟示的一種濫用。贗品和鈀基合金都能夠證明真金的存在。《聖經新約》看起來似乎與人類一般的經歷是相違背的，其主要的事件飽含了耶穌聖潔地出生，耶穌化身的復活和升天。這些都是偶然發生的，並沒有在實際意義上撼動基督教堅固的根基。他們屬於教條主義解釋的領域。這種教條主義

般的解釋並不是必需的，只是用來啟發的，並沒有任何積極的否定意義。這些說法並不獨特，因為這些主要是圍繞著猶太人所期待的救世主彌賽亞和其他偉大的宗教運動的發起人的個性而展開的。如果耶穌誕生的故事帶有精神符號的，沒有一種自然的外在連繫，那麼我們就無法輕易看到其後代的家族體系間的關係。《馬太福音》中有關於耶穌家庭體系的詳細說明。要想保存世人所渴望的心靈真理，若完全依賴於對外在某一事件的單一解釋，這只是一種非常危險的教條主義。外界的真理是不可能在六天裡與創造緊緊地連繫在一起，會說話的蛇妖的故事，被禁錮的太陽，或者是約拿和鯨魚的故事。這是有著無限廣闊，無比確定的基礎的。公平地說，其實現代很少人會走極端。

真理的可信性，在人類的靈魂中得以發現。真理撼動著並且喚醒了宗教的本質和耶穌宗教的本質，耶穌的警言，在他們沒有說出來之前，就已經深深地銘刻下來。但他是一個明星仲介，只不過是表達讓其變得更加個性化。宇宙的無限性是基於一切自然法則的，而某些想法因為被某些定義為奇蹟的事蹟而被忽略了。

「那些能夠感受到美麗的心靈，他們生命的脈搏在活躍地跳動著。敞開的天堂大門透出耀眼的光芒，他們在歌唱『上

帝的榮耀』，爆發了一陣陣懺悔的聲音；自從世界開始之後，就不再有奇蹟，能與人類的心靈相配合。」

　　奇蹟，被定義為每天發生在我們身上的神奇的事情，是最適合不過的了。這是多麼得神奇啊！還有那些美麗的事物，每一天的改變，大自然的每個階段，大海的心情，藍天的樣子，金黃的落日以及一朵花兒的簡單盛放！這是多麼的驚奇啊！電力在有條不紊地運作著，我們人類所居住的世界也在按部就班地發展著，不斷適應著，不斷為人類服務著！這又是怎樣的一個奇蹟？未經培訓的心靈能夠創造出高鐵、電車、電話還有其他日常運用的工具！而熟悉的東西會讓大家見怪不怪，從而忽略輕視。而每一個有關奇蹟現象的都取決於發展的每一個階段。最簡單的事情都是神奇的，而在我們意識中，這肯定是不熟悉的事件。即使法則的模範和真理可以是獨特的，那麼從入門開始就以法則為榮，並用平常的方式走出這個存在的空間看起來也就是順其自然的，合情合理的。

　　但是傳統已經為聖人、先知和英雄的個性編制了神祕的充滿奇蹟的大網。沒有事是故意曲解的，但是期望能夠自我實現。客觀逐漸與主觀站在同一條線上，因為想像就是充滿創造性的。欣賞奇蹟的人能夠用自己的顏色畫出自己的理

想，連一個光環都不會遺漏。耶穌的很多神奇的作品正在失去其奇怪的一面，因為更高級法則的知識也正在不斷地擴大。在我們自己的時代，治癒的突出例子正在變得越來越普通了。心靈高於物質的潛力，系統地掌握理想的力量，過分自信和心靈上的自私都越來越不被看好。誰又能給神靈與人類合作的力量做最後的限制？

　　隨著對自然的概念的不斷擴大神話，這個世界迎來了一個更加偉大，更加有價值有意義的理想的上帝。那些所謂的聖經忠誠的傳教士激起了一場衝突，這場衝突發生在那些引領來到這個世界上的人類的明燈和任命誓言的職責。耶和華是否曾經人性地展現奇蹟以取悅他的信徒並破壞他的反對人？可是這又怎麼能與耶穌「愛你的敵人」這一方向一致呢？某些現代護教論者正在推翻他們之前有關奇蹟的看法。他們不再是耶穌的證明。假設他就是某個上帝，我們被告知所有事情應該像之前所期待的那樣。但是，為什麼他的很多追隨者，那些普通的人類，跟著他做同一樣的工作，這一切都沒有得到解釋。「你們應當完成比我所做的更為偉大的工作」如果作用在人類身上的上帝法則和方法在第一世紀是行得通的，那麼按理來說在二十世紀，這些同樣是行得通的。當高級的法則要求另一個更為低級的法則，那麼對於普遍的意識而言，驚喜總是存在的。這並不是一種違背，而是一種

有序的統治。精神領域的力量要比心理的力量要高級。而心理力量也比物質力量要高級。按照這麼說來，靈魂應該是主宰身體的，任何不符合這個次序的行為都會帶來動盪與混亂。在這整個世界的所有領域中，從最低級的元素到最高級的精神，總會存在正常的低級從屬於高級的現象。

在某個特定的年齡，一個小孩日益增加的好奇心會促使他在想像力領域獲得歡愉，而想像力正是巨人和天使所在，並且在一定程度上他們是有連繫的，當一個有感覺的人首次踏入精神意識領域一場新的探索便被披上神奇的色彩。那麼他未曾意識過的法則終於揭開了真面目。但是他仍然會不能成熟地去理解奇蹟，只有隨著發展日益變得高級，對那些不平常的事件的驚訝程度也會不斷降低。無知將精神性和宗教性夾雜在奇蹟當中。

幾乎所有偉大的宗教在最開始的階段，都會如其創始人所教導的那麼簡單，那麼純潔。只有當他們變得不斷腐敗和墮落，他們才會變得更加迷信，胡思亂想。但這些偉大的原始靈魂的追隨者根據他們或是真實或是想像的名字將奇蹟分類。那些對精神上或者是心理上奇蹟的不合理的追求將最簡單的真理都而掩蓋了。如果一個人試圖扮成一位術士，超自然論者或者是催眠師，明智的做法是對他避而遠之。超自然的並不一定是精神的，又或者是欠缺純潔性。當心那些專業

的奇蹟工作者！耶穌的工作的特點是簡單的，並且是符合自然發展規律的。

在現代的神祕學裡，有很多吸引人卻不一定是有益的東西。而這些是傾向於更偉大的善良，純潔，愛和其他神聖的理想的嗎？部分是屬於精神領域的，而部分是屬於非精神領域的。那些專注於展現奇蹟意圖的催眠術士無疑正在用於不正當的目的，迷惑人們。

聰慧以及精神的忠誠會將物質塑造成與其理想相一致的。誰能完全地解釋這一過程呢？耶穌又是如何展現治癒的奇蹟的？又是如何將其復活後的身體穿過緊閉的門的？這並不是應用了那些物質主義者都會承認的法則，因為耶穌的知識和每個層次的先知都是屬於他的。奇蹟只不過是一個相對的術語，並沒有絕對的重大含義。更低級的次序並沒有被廢除而只是被引導改變。靈魂深處身在的合理的潛力終於開始為人類所知曉。

我們偶爾會看到一些神奇的力量或者是卓越的能力。當我們將自己與高級的法則連繫在一起的時候，與此相稱的是，它也會借予我們的潛力。堅定地向上看吧，先前看起來奇怪和神祕的將會不斷消失，美麗和滿足也會取代神祕感的位置。神奇的特質並不與事件、事物或者是聖經有關係，而僅僅在於旁觀者的看法！

第七章

神父和先知

《聖經舊約》主要由兩種不同階段的宗教組成。一種是與祭祀制度有關,因為其職責和日常的工作性質。另一種是所謂先知的正直的傳教士所提供的資訊系統。在宗教系統的進化過程中,每一段都有其意義所在,都在猶太教主義中發揮著舉足輕重的作用。在早期基督教教堂中,兩股鮮明的力量一直在持續較量,後來在一定程度上兩者合併了,以至於分界並非是那麼明顯。《聖經新約》中並沒有作者可被稱為先知,但是大家都將對觀福書的作者看作是先知的老師,因為他們更像是敘述者。

在一個國家和民族的宗教發展過程中,祭祀制度是最先發展起來的,而人類的發展過程也是大同小異的。其管理在排名中是較低的,卻與早期的重大發展息息相關。他的工作尤其需要大量的教學和引導,他們透過媒介,透過外在形式和祭祀來表達對上帝的崇拜和尊敬。在宗教發展中曾經有這麼一段時期,靈魂與上帝的直接連繫日漸減少,從而在很大程度上需要有個中間人或者是中間物代替他們傳達尊敬之情。

祭司遵循固定的規則、等級制度和誓言,或許這會變得正式化常規化,甚至機械化,一成不變。透過觀察那些日常慣例規則,不難發現他們都是傾向於不合理地將過多重點放在形式主義上,而忽略了重要的內在涵義和精神主旨。一種

禮儀式的法則或許是很輕易地導致了盲從和頑固，以至於人們養成了盲目依賴於外在的一些特殊習慣和方式，這種方法僅僅比自動盲從的程度要輕一些。如果認定的方法已經變成是命令式的，義務性質的，那麼對上帝的信仰和愛戴也就變得次要了。保羅將對外在法則的依賴與那些飽含愛和內在信仰的上帝恩典做了個對比。道德法則中的「你不應該」被收錄進入《馬太福音》，直到兩者趨同，而這並沒有讓人們得到釋放。人們聲稱與其違反這些道德規範，倒不如馬馬虎虎地遵從，而愛和信仰能夠將靈魂提升到比法則更高的位置，從而靈魂不再遭受到法則的隨意主宰。

祭祀制度的官方主義正是其不受人歡迎的地方，但在某個程度上，祭祀制度能夠發展得更為順利自然，與人產生共鳴，並且對管理做出貢獻，因此官方主義也是必不可少的。沒有經過培訓和教育的人類在早期生命中遇到誘惑的時候需要有人引導並給予憐憫，直到他們改善了先知的品性以便能直接到達神聖的噴泉，同時他仍需要透過人類的管道獲得協助。一種對祭司制度的常見歧視是來自於他們獨斷地認為祭司制度過於正式官方和一成不變，因循守舊。而直到人類變得更加能夠獲取自動平衡的時候，通過淺灣和流沙的一些航程就顯得更加地必不可少了。教堂應該充當學校的角色，並且其教學和管理也逃脫不了日常慣例和規則的束縛。因為靈

性十分微弱，上帝也是得助於人類，從而讓更多的人知道上帝的存在，那些像上帝的人類。在某種程度上，正式的祭司制度是自然的祈禱者的幫助者，其靈魂傳遞著神聖的祝福，甚至是寬恕。他就像是一根電線傳遞著精神靈魂的力量。沒有人類能夠在上帝和靈魂間溝通無阻，除非他能夠讓自己變得淺顯易懂，並建立起聯通的關係。當所有的抗議者都在反對羅馬的懺悔制度，當人們被管理統治的時候，人們能夠觸摸到他們內心的那種躊躇不定的情緒以及忐忑不安的懺悔。對懺悔者統治管理是一件很神聖的工作，正如其主旨一樣，能夠無限接近全能的上帝。祭司並不能寬恕罪惡，但如果是真的誠心悔過，作為媒介的他們也能實行寬恕，並用語言和文學去宣讀寬恕的誓言以完成內心的行動。但是對人類的本質的愛能夠發揮最自然的祭司制度的作用，不帶絲毫官方主義的標籤。他可以大肆寬恕人類甚至宣布有條件的赦免。

祭司制度的管理並不是完全依靠教會主義，拘泥於教理，並不能受到血統種族的限制。鼓勵和祝福能夠從一個被管制的靈魂流向另外一個受到祝福的靈魂。自私會產生隔閡，因為所有善良的行為的本質就是具備社會性的。

寬恕或者更高級的赦免，遠離罪惡，事實和法則都或許能被宣布，正如耶穌經常幹的那樣：

「你的罪惡會原諒你的」，而人類也會對他們的朋友說出

類似的話。但這只是內在的條件而非外在的宣稱能夠做到原諒的。而且這個原則也不能過於頻繁地被提及到。

　　但總有事情是上帝和人類都不能被原諒的。因為真正的原諒和寬恕是個人行為，能夠被滿足的條件。上帝的原諒總是會存在的，也隨時等候著宣判。在他看來，這是一項不變的原則。就像人類原諒了他的鄰居。

　　而且原諒和寬恕並不意味著表明完全赦免不受懲罰。即使能夠得到寬恕，但是犯錯總會留下傷痕的。能夠真正治癒違反神聖的法則所帶來的傷痛的有效方法就是讓內心成長，變得更加強大，而這也是需要一個循序漸進的過程的。正如你所認為的，你或許能夠原諒那個盜取你財物的小偷，甚至赦免他不受外在法律的懲罰，但是他仍需要等待自我的寬恕。

　　在《聖經舊約》裡，祭司在聖壇裡進行管理，並且透過供奉儀式和日常慣例來對聖壇進行有序的管理統治。這只不過是表達尊敬的一種感覺，只適用於那些天真的原始人類，只含有部分的或者說是偶然的靈性。

　　對人類的忠誠和熱愛必須貫穿於人類整個生命航程，在某種程度上真理會因為他們的品格和能力所消減。真理的本身是不會貶值的，只是會根據不同的條件調整自身以發揮效用。我們應當用牛奶而不是難以消化的食品來餵養嬰兒。

先知的管理並不是來自於完美的教條主義或者是官方的地位。生作一個利末人，再加上合理的正式性，或許能成為一個祭司，卻不能稱為一個先知。先知是一個人經歷神聖的內在成長的產物。每一個年齡段的正直的傳教士，製作法律和法則，站在其時代的前沿，才能真正稱為一個先知。這個名字並不只是出現在現代，但也絕不可能是過時的。每個宗教都有自己的先知，所以古代的預言並不局限於猶太民族。但是以色列的先知比任何其他一個地方的先知都要純粹和正直。即便是在上帝的選民當中，各個等級的先知也參差不齊。那些等級較低的，我們常常稱其為預言家或者是占卜家，擁有獨特的心理力量，這種心理力量是次於幻景和冥想的。但是在一定程度上他們無疑是在傳遞著上帝的懿旨。不管怎麼說，這麼一種超自然的力量和體驗對於所有先知而言並不陌生，並且尤其是對於《聖經新約》中那個偉大的先知人物保羅來言，更是顯而易見的。每個年齡段的先知的內心都是十分強大和優秀的，但這並不說明會允許我們可以蔑視冥想，迷惑。如果我們就此將其當作是本質上必然是不正常的方法，那我們就誤會了。聖經裡記錄描述了很多傑出卓越人物的類似經歷。今天的人類本質與過去的人類本質不管從根本上說還是從內在法則而言都是相同的。只是現在盛行的一些活動和行為看起來變得越發幼稚了。隨著我們所受的

教育越來越多，現在這個年代更是極需要典型的先知。主觀的神聖的幻想是很少會與豐富的技術性的客觀知識聯想起來的。有多少人曾經真誠地付出過，讓自己成為上帝傳話的管道？又有多少人將內心的指引看得比外在的語言和智慧要更加重要？

　　猶太民族的歷史和世界歷史都是讓先知發展起來，或者說是將其搬上歷史的舞臺，但給他們奇特的資訊嫉妒被需要的時候，當一個民族或種族遇上緊急情況的時候，偉大的領導者和真理的發現者都會突然地出現，通過自然選擇的神奇力量，你會發現他們都是站在時代的最前沿。基於進化法則，神聖性並不會減少，因為進化，供求和需求三者之間都是互為需要的，互為提供的。危機和困境總是能夠找到最合適的工具將他們展現出來。預言或許可以簡單地定義為一種心靈的洞察，由於這終會表現出來，因此也能解釋外在的一些條件，並能清晰地預測他們的邏輯結果。

　　不管是古代的還是現代的先知，都是能夠傑出地表現出內在發展的人類。他並不是透過一些特別的方式展現出來的，或者是接到特殊的任命，而是更高級發展的結果並遵循一定的法則。不管是作為一個人類還是無法改變的法律制定的人員。我們並不應該把他看作是上帝隨意選擇的一個特殊人員。上帝並沒有特殊的偏好。但是那些最大程度將自己優

秀地呈現在上帝面前，並在靈魂深處感受到上帝的存在的人能夠被授予相應的榮譽。猶太民族的偉大先知，比如說以賽亞，阿摩斯，耶利米，還有其他相比沒有那麼出名的傑出人物，在一系列相對比較灰暗，精神文化倒退的時期裡，他們就像是一盞盞明燈給予人們啟示。在更為卓越的預知能力的幫助下，他們或是愛國主義者，或者是哲學家，又或者是宗教領導。猶太人先知伊齊基爾主要是透過符號學，冥想，心理圖和華麗的辭藻來進行教學，所有先知人物都能夠在惡劣的環境下保持正直保持大膽進取的特質。與箴言和警言混合在一起的是遠大的前程和積極進取的精神。他們為那些能夠帶來神的資訊的人高舉著理想的旗幟。對未來的預測並非是一件奇異或者是奇蹟類的事情，那些神奇的預測能夠準確地預測未來發生的某個特定的時間。但一般來說，預測未來只不過是陳列出某種定型的生活和行為的邏輯上不可避免的結果。

先知並非是一種傳統的人物角色。他們常常被直接的工作夥伴誤解，不為他們所賞識，因此先知在人群中常常就像是陌生人一樣。先知能夠看到並描述常人無法想像的東西，因此先知對於常人而言就像是夢想家或者是狂想曲。他們很少能夠獲得允許親眼看到自己被證明是清白無罪的。而且他們常常被那些自以為上帝服務人群迫害。他們是為後人而活

的。相傳為耶穌的故鄉，巴勒斯坦地區北部古域拿撒勒的先知是最好的典範，也是猶太民族先知時代發展的輝煌頂點。

　　各個年齡層的先知都是世界的英雄。他們無條件地為了真理無私地付出，不管多麼地不受歡迎，他們憑著信念行事為人，而不是僅僅憑藉眼見，以上種種讓他們變得與眾不同，稱為人類歷史上最優秀的靈魂人物。他們是敏感的靈魂人物，對心靈法則的理解是如此的透徹以至於他們能夠清楚地讀取到時代的徵兆。當然他們也會有屬於自己的回報和獎賞。一位著名的作者在《以色列的先知》中說道：「人文歷史上並沒有產生任何事情能夠與以色列先知的所作所為相媲美的。」因為能夠預知未來，以色列人稱為了人類的先知。

　　人們常常會不由自主地回溯曾經發生過的事情並且將這些已經發生過的事情與某些先知所記錄所預知的事情相匹配。某些事件的起因並不是像某些先知表達的看起來已經是發生過的事件真相。而這種說法在《聖經新約》故事的作者中流傳甚廣。人們常常會說：「預言或許會實現。」這並不是先知精神的正確翻譯。這並不是傳奇夢幻的。儘管這些看起來是特殊的，但是仍需要特定的條件促使其發生的。那些《以理書》和《以西結書》的豐富的象徵符號被應用來解決物質性的事情，過去的或者是將要發生的事情也如此，所有這些都證明預言是不確定的，是想像性的。大家都

普遍性地堅持地認為，歷史的翻譯解說比純精神化的解說更
為重要。《聖經》具有微妙且神祕的具有重大的涵義。其中
的某些事件的人物角色都代表著某些真理或者是原則的，但
是仍有部分人強烈地傾向於將簡單的預言不合理地變成是神
祕的超自然的理論。宗教因此也被很多空幻的或者是物質化
的理論所負累。而這些理論是從純精神化的先知符號中推理
而得，並沒有很好的實際根據。在《聖經》的第一章中記錄
著兩個穿白色衣服的男人的預言：當你看著他走進天堂的時
候，耶穌也會以同樣的態度降臨。有些人意圖將真理變得物
質化並堅持認為耶穌本人將會在雲層中降落並建立一個由他
統治的王國，他們正在熱切地等待著合適的時機。天堂是由
雲朵和天空組成的嗎？耶穌說（《路加福音》第十七章，
二十至而二十一節）：「上帝的領土並不是觀察回來的，他們
也不會說，看吧，在這兒，或者，在那兒。上帝的王國其實
在於你的心目中。」同樣在《馬太福音》最後一章的最後一
節：「我總是會與你在一起的，直至地老天荒。」精神意義
上的耶穌總是與其追隨者同在的。

　　這就是先知的目的所在，從最小的事情到最偉大的事
情，大家都希望能夠簡化事實，而不是將其神祕化。但是東
方的明喻和暗喻的教學方法對於那些習慣於將想法和表達符
號化和詩意化的人來說是必不可少的。當演講的優雅和靈活

的元素被應用在晦澀的西方散文中常常會產生歧義，引人誤會的。

《聖經舊約》中並沒有任意兩個先知是相像的，他們所表達的資訊也是各不相同的。每一份「上帝的語錄」都已經被性情、環境和獨特的風格所著色以及人文化。先知的表達方式是靈活多變的，所以他們並不是機械般的代言人。當他們的精神靈魂是獨立的時候，那麼他們所傳達的資訊就沒有了所謂的「誤差」或者是「損傷」。每一個正直的傳教士都會接受神聖真理的潔白的石頭，他們的名字被祕密地刻在其中。他發現在合適的時機會有人自然而然地欣然接受他傳遞的資訊。

在偉大的猶太人先知年代過後，以賽亞，阿摩司，米卡和何西亞書出現在西元前 18 世紀左右，主要的宗教流派已經走向衰落，形式主義和祭奠都在悄然興起。宗教的文字扼殺了其靈魂，當耶穌和神聖的先知來到，形式主義已經變得很普遍了，而先知也就這樣銷聲匿跡了。整整四百年了，都沒有能夠配得先知二字的人能夠出現在以色列，只有祭司主義的最低級階段才是為眾人所青睞。原來純粹是例行規矩現在完全變得盲目崇拜偶像了。

堅硬的外殼終將被粉碎。而宗教也從一條布滿乾乾的骨頭的小道被披上靈魂和生活的外衣。耶穌的信條是要揭露猶

太民族的連繫，從民族間的限制釋放出來並且向所有人類種族開放。耶穌播下了新的信念的種子。而保羅將其傳播到世界各地的文明國度。

不管是現代的還是古時候的先知，都是世界的希望。透過他們，真理成為了人類需求的一部分，也成為了人類巨大的精神財富。

第八章

更高級的評論

　　被譽為更高級的評論，同時還包括那些低層次的理論，都在釋放《聖經》中扮演著重要的角色。人為連繫的隔離，理性地摒棄毀滅性的主義文學，揭發其內在的真實的品格，從對聖經的盲目崇拜中釋放出來，這些都蘊藏著深刻而遠大的精神含義。那些蘊藏在聖經中的真相不僅沒有被歧視，而且還給予了暢行無阻的傳播通道。

　　那些聖經反對者對聖經胡亂評論的灰暗日子幾乎已經成為了歷史，隨著主義文學的日益衰退，那些妄加的評論也會失去其意義和根據。那些定義為更高級的現代評論實質是友好的，具有建設意義的。這是《聖經》的真誠朋友們的傑作而與那些敵意的人們無關。

　　更高級的評論是在研究歷史上的《聖經》以及《聖經》誕生的年代和當代的精神文化。那些聖經作者們的生活，流行的思想，動機，靈感和理想又是怎麼樣的呢？任何特定時期的文學，聖經文學也不例外，都是當代思想和生活的生動的文字紀錄。要想了解逝去的年代的人類的生活並不是一件容易的事情，需要用他們的目光看待，用他們的耳朵去聆聽，並用上當時的顏色。這並不僅要求傑出的天資更要求有深刻的見解，需要暫時從現有的環境中抽離出來並運用想像和直覺的品性。要想正確地理解《聖經》，以上這些都是必不可少的。任何時代都很少有人能夠完全理解任何時代的生

活和靈魂精髓，尤其是這個年代十分的久遠，並且與我們生活毫無關聯。我們追溯歷史發展的潮流需要細心觀察，機智地追尋。在能夠一般了解進化論之前，我們基本是不可能能夠完完整整地理解更高層次的評論的。任何時期的理論都是緊密連繫的，並且適應於其時代的科學，哲學，天文學，物理學和生物學的。因此更高層次的評論解說需要運用到人類本質的及其相關的深刻知識。而當時代的心理活動與需要被密切關注，而且是一種獨特的主觀的和客觀的特質。留存下來的一些傳統習慣及其隱含的文學的文化的動機絕不可能會被歧視。更高層次的評論需要一個特殊的部件，而現代人也十分有幸，能夠生活在一個虔誠的，有建設的以及有良心的年代，大部分人都能有幸為神聖的調研服務。

那些追求低層次評論的人的精神的捐贈和微妙的預測本質上並不是如此必不可少的，而且他們還要求有歧視的能力以及特殊的文學能力。同一方向的研究是純智力的，與語言學有關的並且是有一定技術含量的。其領域會更加明顯地關注日期，可靠和主題的真實，不同教學方法的對比，由文學品質的不同而識別，他們的和諧，區別，風格，種族和依時間前後排列而記載的特性以及翻譯和表達的準確。可以看得出的是更高級的評論重要與精神領域有關，而更低級的領域會更加關注文字，或者是傳達內在思想的工具。

　　那些主義文學的信仰者，或者是完全啟示錄的追隨者在提及《聖經舊約》時所提出的異議比在聖經中傳遞給我們的啟示和真理必須以文學形式呈現，或者是人類和種族生活和經歷的一種解說，而不是一堆證明對抗教條主義的證據。《創世紀》中那些有關世紀創造的細節的模糊的傳統習慣或許可以構成一個有序的故事或者是連繫，但人們會以符號學、詩歌或者是史詩的形式來紀念。他們是想像出來的敬畏以及原始人類神祕的產物，對於那些有別於其他民族和國家的猶太民族國家而言並不奇特。

　　如果聖經能夠被有效地解讀，那麼其就不會受制於評論的好壞。對於這一點，大家都是舉手贊同的。但是即便如此，為了與 17 世紀揭發的觀點一致，對於不同心態的不同解讀就不會日漸減少、消失。語言是一回事，但是翻譯取決於個人的心態。不管《聖經》是不是完全正確的，同樣的文本卻能滿足不同的需求，每一個種類都能在其中找到自己的完整背書和解說。實質上，聖經是一本描述高尚靈魂間神聖的親密關係，一幅描繪人類精神文明發展的簡圖。我們不可能因為不同人的不同解讀而遠離《聖經》，因為聖經自由而親密的關係導向各方面並對我們生活產生影響。神聖是由人類傳承下去的，而不是透過外界的奇蹟傳承的。《約伯記》一本的作者所陳述有關靈魂釋放的戲劇性故事，讚美詩作者的

詩意以及象徵性強的歌曲，以賽亞的樂觀主義，耶利米的悲觀主義，伊齊基爾的神祕主義，保羅的理性心理學和精神哲學，聖路約翰的冥想，都顯示出神靈所發出的白色的亮光。這些亮光是在穿越不一致的心靈和性情的蒸餾器所接收到奇特的色彩和陰影所發出的訊號，一個偉大的《聖經》評論家和學生，被譽為《聖經》的一個具有破壞性的對手，但是一個真實的和具有深刻思想的人卻將其定義為一個有能力的辯護者。他一直認為《馬太福音書》和《路加福音書》中有關起源的傳說是不真實的，身心復活的故事同樣不可信的。他認為福音書其實是有一名不知名的作家所編著的，而在大約西元 75 年的時候加入了很多續集，同時大家也注意到了很多與傳統觀點不一致的東西。

在此，我們並非想要討論更多有關更高級評論的細節。接下來的一些例子僅僅是說明某些情況。某些很有能力和良心的聖經學者認為《馬太福音》一書被放置在《聖經新約》的第一章是因為其直接闡述了耶穌的誕生和重生，儘管其記錄很可能是在事件發生後的 75 年才完成的。超過兩代人的傳統以及觀念和感覺的改變都很自然地為這個故事著色添油加醋。大家都普遍認為，《創世紀》一書排在《聖經》的第一位，解釋有關世紀創造時期的問題，是最先完成的，也是錯誤的。有可靠的證據可以證明該書並不是在猶太民族歷史

後期創造的。那些偉大的先知，以賽亞，侯喜亞和摩西都不知道有關「墮落」的故事。他們是在鼓勵後代並且寄希望於後代，他們的天堂並不在於偉大的圓滿成功會後在歷史發展的順序中，摩西聖經，祭司法家的綱要之作中記錄的事。是在巴比倫流亡之後才開始發生的。這是那次囚禁事件後的餘波，而不是埃及的。創世紀的故事以及伊甸園的故事並未被任何偉大的先知所提及的。那有沒有可能是這樣子呢？這是否就是由決定人類命運的重要因素所促成的？正如傳統信條中所提及的拯救計畫一樣？聖經的真理都有同等的基礎，而這基礎是所有真理的一句。不管如何表達，在哪裡表達，內在的優秀，理性，美麗和善良都包含在事物本質當中。這裡的可靠在於其本身。當其被用來與人類更高層次的理性和良心相關聯的時候，他們是可以實現自我證明的。聖經的文字便是表達真理的工具，比傳遞工具還要準確可靠的現實。歷史表明，所謂聖經的準確無誤其實總是在誤導人們，並且曾經一致意圖讓科學，發明的知識的發展倒退。「儘管天堂正在墮落」這一直被認為是必不可少的，也是主義文學一直堅持的觀點。宗教貌似也是以此為據的，如果沒有此根據，所有事物都是胡謅亂道。這個結論又是多麼得錯誤！

隨著知識日益深入，不斷發掘到新的證據，做出必須的判斷，有關舊的觀點也被發現是不靠譜的。一個又一個城堡

已經倒落，直到引起群眾普遍加重恐慌。同時，真理一直維持著冷靜，並在騷亂中保持鎮靜的姿態，而人們一直因為騷亂不斷尋求避難所。教堂外最好的想法，已經被無理地冒犯並被放在敵對的境地。而這些觀念曾經被授權高舉宗教和靈魂進步的旗幟蠱惑人心。即使是「自然人」，他們也尊尚理性的善良以及理想的生活。但是要其堅持將外來的教條主義理論者當作是純潔的福音書這一做法喚醒了其對抗意識。亞當史密斯教授曾經說過：「對聖經批判的學習研究聖經本身的親眼見證下，驅除了長久以來被教堂持有的有關希望和鼓舞的觀點。」

當被神聖開心見誠地分類時，人類最高層次的理性是至高無上的，並且為真正的信仰服務到底，或許人們會虔誠地認為這是上帝的旨意。最高最神祕的地方並不在於遙不可及的天堂，而在於人類心中。這裡有人類居住的地方，也有真理和是非審判的地方。

那些所謂的更寬廣的信仰從所有辯護主義，研究和關係中變得更加真實可鑒。不管是在人類的實際生活中，普遍的真理中甚至是宇宙過程中，人們都是認可的。宗教和自然間都是神聖的並且受到彼此稱讚的，他們中間卻橫亙著一條寬大的鴻溝。信仰的對比對於世界而言是一門客觀的課程。人們是在哥倫布紀念博覽會上的宗教會議上第一次虔誠地做

出此次對比的。在那次場合衍生而來的分歧其實是膚淺的，偶然的。人性在任何年代都是隨處可見的，並為尋找真理而服務的，人性曾試圖緊抓並且實現上帝的最高級意圖。模糊的或者是隱藏的人類靈魂深處普遍都有著渴望聖潔的心。符號、法令、聖禮、儀式、貢獻和服務，甚至是盲目的偶像崇拜自然的靈性和宗教的一種標誌辯護。艾默生曾經有趣地將偉大的思想用詩歌方式表達出來。

「出自大自然之心，不斷地搖滾，聖經的負擔已經是屢見不鮮了，民族的陳述已經到來，正如火山燃燒一樣的聲音，從燃燒的中心自上而下，愛與苦難的讚美詩一直在歌唱！」

聖經作者的主要目的並不是記錄歷史，而是陳述他們在歷史事件的宗教理想。對正直的追求，判斷，民族的和個人的不公正都是隱藏在猶太文學的動力所在。想要找出聖經的精神主旨，我們需要像研究其他書籍一樣地研究祂，需要在字裡行間不斷地斟酌，不斷感受和吸收不可言喻的影響力。我們需要更加深刻地理解而不僅僅是停留在智力層面上的理解。分布在聖經周邊的教會氛圍是我們忽略的主要原因，以至於沒有細細品味聖經。自然的光輝遠離他，防備他，而不是吸引他。愛聖經所推崇的思想不是一項任務而是一種快樂！這是一本自然的書籍。上帝並不需要供奉，其內在的優

秀和獨一無二被虛構的特徵所蒙蔽。接受聖經是一部文學作品，是正常的，同時具有至高無上的價值和實際可行的操作指示的作品的事實，可以有效地摒棄不理性的理論。

《聖經新約》是《聖經舊約》猶太民族的宗教道德模範的持續更高的發展。其涉及的時間要少得多，觀念和過程的連接要更為急促得多。我們並沒有得到饋贈彙報上帝的語錄。他們向我們走下來並被不一樣的心境，回憶、習慣和個人品性所著色。除了猶太民族外，其他在聖經文學作品裡的元素都為其留下了帶有與眾不同性質的東西，並將會在合理的時候以較大的一個整體呈現。更加特別的希臘哲學理念，不時地出現，尤其是在第四章福音書裡。《聖經新約》文學是一部歷史和戲劇的著作，描繪猶太教的起源和神奇的基督教。但就像是其他事件和事實一樣，其重要性更為深刻遠大，隱含在發生的事件中，暗喻在原創和具體表現的理想模範當中種族的，當地的和歷史的基督教突破了限制，拓寬了視野，並且廣泛地應用。耶穌並不是一位作家，也不是發起人，卻是一位解說人。他將會是上帝在人類身上具體的理想化身。

在聖經高層次的評論中人們並沒有傾向於尊重那些不善良的譏諷辛勤工作的人們。他們看起來像是破壞偶像主義的行為只不過是為真理貢獻的偶然結果。他們並不願意低估任

何人的信仰，而是寧願去拓寬和深化他們的信仰。如果信仰
要變得永恆並具有實質性的意義的，就必須立足於現實。「相
信」的命令或許已經在不斷地重複，但是人類的心態已經是
相對固定的，所以必須在不斷重複外仍需要大量的證據，是
主觀真理性贏得了世界。用心去感悟真理比僅僅是智力上了
解真理更為深刻。

　　對於所謂聖經的正確無誤的反映能夠完成一項無價的任
務，逮捕懷疑主義，物質主義和背叛主義，而高層次的評論
是其主要的推動力。而那些「不信任的人」最多也是像傳統
主義者那樣是聖經的信徒。接納同樣的解釋，其不合理性地
換來了一個個反對的聲音。在主義文學中，我們可以看到那
些狂熱分子。法國啟蒙思想家、哲學家、作家和歷史學家伏
爾泰的杆，獨立戰爭的筆湯瑪斯‧潘恩，或者是英格索爾幾
乎都在指導著真理，而不是與真理，聖經或者是宗教對抗，
就其本身而言，而是反對那些所謂的臆測的。真理本質上是
重要的並且是有吸引力的，繆爾頓說：雖然教條主義的風被
允許飄散在大地之上，但是真理仍在，我們不光彩地或批准
或禁止，誤解了其能力。抓住那些不誠實的人吧！但誰又知
道真理曾經被錯誤地對待？

　　現代人極度需要熟悉聖經。不僅僅是因為聖經是一部偉
大的文學作品，而且其還對後來的文學創作發揮了深遠的影

響。這是一部倖存下來的偉大作品並對於塑造英文這一語言以及更深層次的文化影響更是無法估量的。其熟悉的諺語，格言和觀點點綴著那些展現人類智慧和學識的作品。但最重要的是，聖經之所以受到尊重主要是因為其蘊含著鼓舞人心，讓人奮發的精神力量。

耶穌的教學方式，除了他們作為宗教智慧的奇蹟外，被發現是與人類的本質和原則是相一致的，並在心理上，哲學上和科學上都能準確地適應人類固有的方式。聖經中很多原則和規條看起來是那麼得理想主義化以至於貌似與現有的宗教標準是相衝突的，又或者是對現有的社會現狀來說是不切實際的，但是他們卻能夠推動未來的深度發展。迄今為止，他們仍未發展成熟，但他們的完全不抵抗主義的哲學理念卻是變得越來越吸引人並且加快發展。聖經所蘊含的精神和理想具有難以言喻的價值。

我們必須擔憂，高層次的理論將會剝削或者推翻聖經的真理。真理是不可能被征服的。因為它扎根於上帝，是無法轉移的。學者們將會確認並且讓其魅力和有用的性質更為淺顯易懂。隨著理解的不斷深入，人們會更加欣賞《聖經》。搜索《聖經》以了解其價值所在。最豐盛的礦石並不是附在表面的。如果聖經經受不住試驗、考驗或者是檢測，那麼它就不配得到我們的信任，也不值得我們的關注。真正的聖

經，上帝的語錄是不能被撼動的，不管那些人為節選自文章
的教條發生了什麼變化。

　　而更低層次的評論同樣也是必不可少的，因為這樣能夠
為更好的更有效的研究學習搭路鋪橋。只有靠辛勤地工作和
耕耘，我們才能獲得準確的理論。當某個環節已經完成任務
了，通往更高層次評論的道路也會更加清晰，人們也更能挖
掘其內在的精髓和含義。要想確認聖經的任意一段內容的
現有價值和動機所在，我們必須找出對於作者而言的意義所
在，以及對於某個特定時期的意義是什麼。有些人或許會稱
在制和烘烤原礦石的過程為毀滅重生的過程，目的是為了抽
取純粹的金子，而這個過程很容易讓人聯想到人們從聖經中
汲取有良心的和精緻部分的精神精髓。

第九章

救世主和耶穌

上帝的兒子自然而然地成為上帝之父活靈活現的形象。「上帝用自己的形象創造了人類，按照上帝的形象創造了自己。而男性和女性創造了他們。」兒子的身分，潛在的，又或者是活躍的，都因此必須涵括整個人類家族。人類的形象或許會變得模糊，或者是一被扭曲，甚至被垃圾覆蓋，但其輪廓已經被深深印刻在人類本質當中。上帝之子，或者稱作是救世主，其實是人類的神聖的形象，而耶穌實際是人類靈魂活化或者是實際的體現。

人類與生俱來的權利包括獨一無二性，而這也是常規的理想模範。表面地觀察，低層次的意識中，神性和人性本來就是截然不同的，當靈魂被啟發並發展後，二者終究合為一體。耶穌所認為的二神教只不過是為了迎合其追隨者的需求，而他一直不斷地重複強調絕對的團結。「我和我的父親其實是一體的。」未經發展的人性卻忽略了這一偉大的真理。其內在和深刻的現實意義隱含在感知領域。

準確地使用術語是非常重要的。世界上的很多誤會其實是可以避免的，如果溝通的仲介能清晰地表達其含義的話。救世主和耶穌的名字就提供了一個不確定含義的典型例子。對於類型的理論用法，可以相互交叉使用，又或者說其具備同等的含義。我們可以大膽地建議每個術語帶有合理的歧義的清晰的定義，然後注意到類似的原因。我們或許會聯想

到救世主的名字，定義人類至高無上的神聖的獨一無二的特性。這包括內在的特質、生活、理想和品性。這是靈魂中神聖的形象和相似性。本質上，這是客觀的、非個人的，並一直潛伏在人類本質直到被人類所了解，喚醒並且個性化。除了完全被動這一特性之外，仍然有不同的層次的個人發展，從微妙的預示到完全當地語系化和歷史性的表達，正如在耶穌身上所見的一樣。他對於人類而言就是先知和理想模範。人們一直在不斷地掙扎，並且走向充滿神性的神聖之路。

在經歷多次的測試後，我們一定能找到充分的證據證明那些已經被列出來的生命主題。大家都能從有關耶穌的紀錄中發現耶穌向來持有的兩種觀點。要區分這兩種觀點按道理來說是非常容易的。一種是來自一般的神聖的以及非歷史性的觀點，另一種是來自本地的，暫時的以及個人的觀點。我們注意到前一種觀點的某些案例：你的父親亞伯拉罕非常高興能夠看到我的兒子，他看到了，非常欣悅。於是猶太人對他們說：儘管你仍未滿五十週歲，但是你已經見過眾人之父亞伯拉罕了？耶穌對他們說，我告訴你們，「這的確是真的，就站在亞伯拉罕面前。」（《約翰福音》第八章，第56-58頁）「一股真正的光芒進入了這個世界，啟示著人們。」（《約翰福音》第五章，第九頁）「如果你遵循我們的告誡，那麼你們就是我的門徒，你們應當知道這個真理，這個真理

能有助於解放你們。」（《約翰福音》第八章，第三十一頁
到第三十二頁）所有的東西都需要作為天父的我去傳播。沒
有知道兒子是誰的人能夠拯救天父，沒有知道天父是誰的人
能夠拯救兒子。天父之子將會把相關的一切告訴給那些應該
知道這一切的人。（《路加福音》第十章，第二十二頁），
「在創造這個世紀前，那些人們已經開始愛戴我的。」（《約
翰福音》第十七章，第二十四頁）「這些例子或許會成倍地
增加，顯而易見的是，這些都是由克里斯的心患以及有關靈
魂原則透過一些個性所表達出來的，而不是憑藉個性所表現
的。某些例子就是根據這些觀點推斷而得的，又或者是透過
人類之子的某些有限的能力推斷而知的。他確實在那段時間
沒有進食任何東西，當他們完成了的時候，他感到十分饑
餓。」（《路加福音》第四章，第二頁）「由於耶穌並沒有
被賜予了榮譽，所以也沒有授予有關精神準則。」（《約翰
福音》第七章，第三十九頁）。「我的上帝啊，我的上帝，
為什麼您就此要放棄了呢？」（《馬克福音》第十五章，第
三十四頁）「當耶穌放聲哭泣，他說：天父，我推薦我的靈
魂，說完這些，他就放棄了那些鬼魂。」（《路加福音》第
二十三章，第四十六頁）一般說來，這兩種觀點被定義為
是天父之子以及人類之子的。從邏輯上說來，我們就可以推
斷出，任何人若能意識到內在神聖性的存在，或是耶穌的存

在，理想化地說，他就能從中得到一定的保證。在很多例子中，不管是古代的還是現代的先知和詩人，都曾經表述過如此一種獨一無二的神聖的權威性。我們或許可以引用艾默生的一個相關的例子：

「我就是宇宙的擁有者，擁有七個星球和太陽年，擁有凱撒的手和柏拉圖的智慧和頭腦，擁有上帝耶穌的心和莎士比亞的能力。」

這就是上帝的意識或者說是聖經，人類的印記，這並不是有限的個性可以代為表達的。個性只不過是充當著一個代言人的角色。人類漸漸地意識到他們擁有更高層次的與生俱來的權利，所有上帝所擁有的都屬於其兒子的，這是一種更深層次的自我。聖保羅為了其自己和別人從內心的意識出發，說道：「所有事物都是屬於你們的。」人類的耶穌是最深刻最真實的自我，只是很多人都未曾意識到。「他處於這艘船的後面部分並睡在枕頭上。他們喚醒他，並對他說，主人，你所關心的東西我惡魔女並沒有將其毀滅。」（《馬克》第四章，第三十八頁）他並沒有因此而甦醒。只要那麼並沒有暴風雪，人們就會忘記他是在船上的。當外在的自己或者是物化的自己發現自我就要被毀滅，他就會被引導轉向內心尋找自我。

　　世界焦躁不安地等待著，並不辭辛勞地尋找人們共用著的更廣泛的真理。當耶穌找到完整的化身，耶穌真身遭受到了十字架的災難。接踵而來的是耶穌的復活以及人們開始意識到內在自我的存在。由於這是一項永恆的普遍存在的法則和人類的遺產，由此我們可以推斷出只要人們意識到真理的存在，人性就可以急速上升到精神法則的高度。每個人在更高級的原則中有著自己的角色，並有序地扮演著、利用著這個角色。「所有萬事萬物都是屬於你的」並不僅僅是一種詩意的表達，而是實際可行的，心靈的，靈魂的，甚至嚴格說來是科學的真理的表現。道德的靈魂的真理，還有那種祝福，僅僅要求人們不斷地加強能力。人們緊緊地把握著的理想人物及其自我實現只不過是時間的問題。但這種所有權並非某個人專屬的，而是平等地屬於天下眾生的。即便是上帝，我們的上帝，都屬於所有人的，並在某個程度上發展了一種意識上的獨一無二的特性。

　　當我們回溯歷史的時候，我們或許能夠發現在人類不斷進化的時期中，人類的神聖性質偶然展露出來。在早期希臘理論中，內在的神性只不過是種主流的想法，但不久之後，一種更為物質化的信念逐漸占據了主流位置。西元 325 年左右，尼西亞的偉大的國會被低於神探康斯坦丁召喚去解決有關救世主及其統治的紛亂複雜的難題。一場浩浩蕩蕩的爭論也由此產生，

由亞塔那修和希臘神學家阿裡烏各執一詞，分別主導。爭議的焦點在於：人類是否真的與上帝有著親屬關係？他們是否本質上就是各不相似並分離的？耶穌是不是一個正式的大使，處於上帝和人類之間的中間人？耶穌是否由遠處的神明所派遣而來的，代表著人類心中的上帝？人類一直保持著後者的陳述。但是那場神的原則的高潮只不過是曇花一現，其化身也逐漸被當作是一個獨立的優秀的法律項目，只不過是被正式化法律化了。這個被預測的冷冰冰的教義逐漸失去了其重要的精神含義。此時仍然沒有達到更寬廣更實在的理想人物進化的成熟。其似乎仍在要求外在的更就加強勢的更加教條化的主導因素，聖奧古斯丁在早期教堂的教父中成為了主要的權威。上帝的理想模範迅速地流行開來，並主要被無限的凱撒大帝是在遠遠地統治著世界並且頒布了正式法令的皇帝。這個時代似乎在提出要求，人類需要被某些實質的力量統治，而非那些未知的精神的人類必須感受到的外在力量並且向其俯首稱臣，因為愛與內在的救世主的進化實在是太過微妙，以至於無法被清晰地感知。原始基督教會的信念和熱情逐漸消失，而教條主義和預測的理論也將逐漸地呈現。隨著教會與國會的聯合，外來民族變得更加正式，如果不強制進行基督化的話，宗教就會變成一股需要被尊重的外在力量，而神聖的觀念自然而然地變成是至高無上的專制工具。

　　在現代基督教理論中，一直有教條認為，耶穌的神聖與人類的神聖性並不是相一致的。人們仍然被權威傳授著，耶穌並不是一個尋常的人，而是上帝與人類之間的協調者和中間人。這明顯地的說明耶穌並非是一個正常的人。他只不過是在兩個互不連繫，互不協調的群體中制訂一份和平的協議的人，並不與其中一方相像。但是耶穌說：「在那一天你們就應當知道我存在於天父之中，你存在於我，而我也存在於你。」《約翰福音》第十四章，第二十頁。耶穌神聖的教條「某個上帝」，而不是其道德或者精神的神聖性，在基督教體系中占據著一席之地。這或許就是他獨特的靈魂先存，神奇的誕生以及身體的復活的起因，這導致了其與人類無法連繫，因此對於他們來說，因此對於他們來說耶穌不可能是人類。「在眾兄弟同胞中的第一次出生」或者是「第一個成果」。如果說某個完完全全不像是人類的人實際就是人類，這可能嗎？我們所分享的神聖卻從未自己辯護過。在天父之子或人類靈魂的神聖的形象中尋找的一般的基督教理論十分不像是大家心目中的耶穌的形象。最偉大的現代理論家之一的夏力加，否認神奇的誕生以及耶穌的復活對於已經被定義好的基督教信仰而言是必不可少的。十分慶幸的是，活靈活現的光榮的真理有著一個廣闊而見識的基礎並非是那些傳統的奇異事件。理論的判斷並不像是那些有價值的判斷。

現代的基督教經歷是否是某些歷史事件的超自然的力量的顯現？又或者是其兒子身分的意識？又或者是人類靈魂中上帝生命的存在？基督主義本質上是否就是愛，靈魂以及一種神聖的信任，能普遍適用於又或者僅受制於某個單一的通道？這是否是比單一解釋更為廣泛的真理，多麼地完美，頗具吸引力！我們對於救世主的了解和體驗是否受限於早期人類之子的經歷？最偉大的歷史真相的現有價值必須存在於永恆不變的真理和法則。如果上帝是一種靈魂或者是精神，那麼其兒子或者是類似的物體必須是靈魂而非實體。不管是時間或者是某個地點，本質上都不可能是永恆的，他們只不過是永恆的表現形式。除非道德秩序是支離破碎或者是反覆無常的，否則沒有任何生命或者是經歷是完完全全獨一無二的。連繫和關係隨處可見。如果最重要的真理也無法表現普遍的法則，那麼這幾乎不可能傳遞實際的價值或者重要的適應能力。

　　大家所考慮的帶有同等大綱和限制的兩種名字的應用容易誤導，歸屬於基督教意識中不成熟的狀態。這兩者都有著同樣的連繫，真理也有著其表現形式。本質上的救世主，這個神聖的人類的模範處於時間之處，並永恆地存在於偉大的模範時代。基督，活著的真理，是真正的救世主。

　　存在於可見的真相中的救世主模範在別的靈魂中有著若

隱若現的表現是真的。但是永恆不變的真理就是：上帝存在於人類之中。神聖的意象點燃在人類靈魂中心。他們的人生或許是崎嶇的，不斷發展的隱藏著，但生命之火卻永遠不會熄滅。這就是他們的歸屬。耶穌證明救世主是擁有至高無上的法力的。但作為一個世紀的模範，這種力量一直存在。《聖經舊約》的價值一直都在，並為其賜予部分，實際的，可見的化身。他們的某些化身十分忠誠，並稱得上是他們所處年代的救世主的稱號。誰能夠證明：耶穌的生命已經完全地展示了「世界的明燈」的含義？其光芒能夠照亮每個靈魂，所以必須廣大的包容人性的光芒。

對神的化身的解說因年代的不同而相異，並且不與任何個體相同。每一個個體對神的理解都是主觀的，即使他們已經有了耶穌這一完美的客觀的模型。因此，對於每個人來說，救世主總是存在於心中的，而歷史的實際的英雄人物卻是實在地存在於現實的。隨著人類不斷進化，其內心所在的天父之子的重要性也會日趨增加。

偉大的模範時代的外在生命和行為或多或少被傳統和迷信的烏雲所遮掩，但沒有任何事物可以扭曲心靈準則。這是內在的準則，是每個人最高層次的發展。古代猶太人對救世主的期待在威力無窮的國王和國家之間的傳達者中顯得十分重要，並且很明顯的是，其間並不含有任何精神因素。人類

之子的傳記是不完整的，支離破碎的，缺乏實際事實細節的支撐為其理想主義騰出了空間。歷史和傳統傳承下來的零星記憶被填滿了，並無形中接受了主觀的描繪，常常是被每個個體無意識地。由於人類生命中所有高級的標準在不斷擴大並發展，普羅大眾對於救世主的觀念也在相應地擴大。對觀福音書和所有其他可見人物的紀錄似乎都有微妙的直覺可以感知什麼是合適的，都一致對於崇高的化身避而不談，保持神祕感，由於每個靈魂身上神聖的光芒夠為其點燃了最亮的明燈。就像現在這樣，人們都強烈地傾向於尊崇那些可見可觀的而非那些靈魂存在，以至於耶穌平靜地其門徒說：「我走了，對於你們而言是有利的。」人們都尊敬那些實際的化身。

對於人類靈魂而言最鼓舞人心的意識就是上帝存在於我們心中，因為這就是「上帝之子」。上帝的缺席意味著分離和黑暗的到來。

「雖然一千次一萬次，救世主也是在伯利恆出生，如果他不是出生在這裡，那麼靈魂將會是孤獨絕望的。他們的靈魂石能否變成寂寞的夜晚，上帝會在此誕生，並讓萬事萬物各得其所。」

被人物所誇大的人類心中的上帝的無處不在被稱作是救世主，這並未指出一種外在的個性，而是定義內心的神聖，那些具有品格的活著的神性。每個人內心深處都是神聖的，但沒有人本身就是神聖的。上帝將自己花落時拿撒勒的肉身，其內在的法則貫穿了人類的一生。「救贖的計畫」並不是正式的計畫以修補那些原始目的的未知錯誤，但正如某個特定例子中所說的，這是一項突破性的精神成就。但這對於人類而言並沒有完全實施的。即使是在最高點，也無法停止或者是拖延。作為一項程序，這絕不會實現或者完成，卻永遠處於走向完成的路上。模範並不是精神化的過程，而是一項成果。對於他而言這是一項永恆有序的法則的表現。神聖的駐紮既沒有開始也沒有終點。化身存在於實物的本質。道德的迂回並非是「墮落」的結果，而是逐漸擯棄動物性的過程。並包含著精神進化的陣痛。上帝的人性太寬廣了以至於受制於某個生命，不管如何高尚尊貴。被物化的上帝之子的身分是完整的卻不是專屬的。道德的精髓和靈魂的美麗是廣泛的，並且是不斷增加的。流向人類的神聖的河流十分寬廣，足以滿足人類的每個渴望只要人們敞開心扉。如果福音書的榜樣不僅僅是人類這麼簡單，那麼人類就會普遍被法力和所聲稱的特權所阻礙。有限的補償的教條的透過必須符合對有限的天父之子身分的誤解的邏輯。神聖性和人性其實是一個集體的兩面。

「在比他們自己所認為的還要近的距離，畫出神奇的線條，將他從與你有關的人中準確地劃分出來，哪個是人類，哪個是神靈？」

　　人們常常認為某些類似的俗語，或者是某些相關的主人的行為為人類做證實和辯護，而他的奇蹟的形式卻成為了神性的有力證據。但他的精神上的天父之子的身分的真實證據並不在於理論上的神奇的誕生、復活和耶穌的升天，也並不在於那些看起來很不錯的枯燥的物質化的理論的作品當中，而在於無限的愛，純潔的靈魂，以及神聖的自我認定。他聲稱與生俱來的權利並不被人類普遍認知到。倖存的福音書的基礎十分廣泛以至於將某些不經常發生的事件作為一個狹隘且不穩定的基礎。

　　基督教的精神是一股自由普遍的並且貫穿於人類本質當中的力量，獨立於時間、環境或者是教會的先知而存在，並且在福音書的模式中找到美麗而全面的表達，同時也在不斷地尋找外在盛放和開花結果的方式。這是真理無限制的存儲，一旦被傳承下去，就是一個活靈活現的豐富的神的形象。如果此類絕對的專制倒退並且寓自身於一個實際的形式當中，那麼福音書的故事就可以結束了。作為一種術語，基督教的精神對於多數人而言意味著很多東西。其簡單的分支

隱藏在那些毫無關係的附加品當中。那為什麼他還會受到某些奇怪的形式所負累，如洗禮，立誓，祭典，耶穌誕生的理論又或者是教堂政體等？現代有關神聖內在的思想和學術的酒不能再放入「舊的酒瓶」。磨難和死亡，而不是生命，那麼很清楚的是他並不可能在早期的化身上就已經做出聲明了。只有那些無效的基督教精神才會基於這麼一種基礎。

　　作為三位一體中已經被定義的部分，教會人員以及尼西亞對人類之子的解說將劃分出人類的家族之中，並從本質上說，在人類的心理維持著一種抽象的概念。但是救世主或者聖子都是永遠屬於以馬內利的，也就是說這是永遠屬於基督教的。不管是否曾經被傳統渲染或者是誇大。聖經中所記錄的奇蹟都顯示人類，作為精神力量的常規智囊團，是比我們曾經認為的更偉大更加神聖的生物。由於我們的雙眼被邪惡所蒙蔽，因此對於人性的觀念也被扭曲了。那些能引導出奇蹟的工作並不需要被看作是不屬於正常法則的領域內的，而那些隱居在人類內心深處的神聖性很少被人欣賞，卻有可能引領人類取得非凡的成就的。這就是內在的上帝的所作所為。上帝是在我們的內心，不在於外界。關於奇蹟的那些陳舊的觀念，認為奇蹟只不過是違反正常法則的事件，這種觀念是不尊重上帝的，又或者說是不尊重上帝所建立的法則的。上帝並非是無序的，也不是反覆無常，任意妄為的。

雖然伯利恒是基督表現自己的地方，但這並不是他初次出現的地方。上帝曾經澄清真相。這是真的，但卻並沒有對其誕生做出任何聲明。班傑明・周伊特教授曾經說過，他是牛津大學的貝烈爾學院的一位學者，聖經的出色的翻譯者之一：

　　「理想人物必須與所有有關救世主的觀念糅合在一起。為什麼我們會拒絕那些必然會是理想人物的救世主呢？難道人類真的認為他們對救世主的了解就像是對一個活著的朋友的了解一樣多嗎？救世主難道不在聖餐之禮中嗎？救世主就在上帝的左手邊，救世主就在於你對榮譽的希冀中，一個理想的人物？難道救世主的門徒不是自從聖保羅的年代就一直開始將其記憶理想化嗎？」

　　每一個年代都很可能為平衡整體或者是將全域完美化而添油加醋的。難道聖保羅就沒有將救世主理想化了嗎？難道我們會認為他所說的關於救世主的事情都是事實？如果我們能追溯更加確定的特徵，我們或許會發現那些人物角色其實並不是這麼眾所周知的，為大眾所熟悉的。如果救世主並沒有來臨，這個世界又會變成什麼樣子呢？如果救世主再次降臨，世界又會變成什麼樣子呢？如果我們完整地領會到救世主的話語以及教導，我們又會變成什麼樣子？我們又能將救

世主個性化成什麼樣子呢？他又是否只是人性的完美形象？在懺悔和貪婪的救世主的智慧的概念中，很明顯缺乏一種重要的力量，而一般現代的訴求由此而生。「回歸耶穌？」上帝的傳統的以及教會的兒子正如呈現的內在真實特質一樣完美嗎？如果救世主的理想化神能取代有關其理論化的猜測和神奇的法力時就好了。世界上每個偉大的宗教都有著屬於其偉大的傳奇的元素，而這些元素都是被各宗教的信徒所神化的。如果說我們並不將其當作是法則的例外來看待的話，這並不是對基督教擁護者的不敬。當他從與生俱來的天父之子的身分的深度走出來，聲稱：「我就是這道路，是真理，是生活！」（《約翰福音》第十四章，第六頁）約瑟夫或許是其生父，但不少永恆的精神從他的身上呈現。當化身是物質化的、歷史化的，其寄寓的卻是精神化的，眾所周知的。如果耶穌並非是約瑟夫的兒子，而是馬太福音的宗教家譜所記錄的家族傳承下來的，那麼其歷史意義何在？

　　那些對於上帝之子的個性的現代觀念，已經在各個時代盛行的，因為環境的不同以及傳播的理論媒介的不同而表現不同。在猶太民族中，他缺乏物質實力以及領導力的確讓早期的人們失望至極。但他仍然是大家的希望，並是使徒中貢獻最多的。人們確實因為他的所在而構築了冥想，理想，教會的權威性，禁慾主義和理想主義的框架。他卻依舊保留著

道德的宗教的以及精神化的生活。由於對擁護者缺乏了解，人們所擁護的只不過是人類的擴充的鼓舞人的模式。對他，我們一直慷慨地貢獻我們的「金子，坦誠和祕密。」對天父之子身分的呈現將會不斷地激勵那些仍未出生的後代子孫。

「並不是在遠處，而是進一步，這就是他們客人的本質，在天堂中尋找到贏的天堂，真正的救世主就在於他們的心中。」

尋找一種表達方式其實就是內心最深處的渴望和目的所在。聖經就必須成為現實，這才是普遍發展規律所在。設想救世主的一切就是這個世界無休止的目的。更高層次的歷史性的評論可以有效地掃清障礙以至於人類心中的神性可以不斷增長。如果對知識的思索在理想以及其實際的表現中干預徘徊，那麼我們需要停止並且廢除這麼一種行為。

誤解上帝之子的個性，人類正在往外或者是向後尋找著他，而不是在心中尋找。客觀的圖片，理想，視覺化的描述從來都是千變萬化的，直到每個人最終認清其形象是心中最高尚的。否則以上都是不確定的。每個人最終會回歸到自身。理論化的教條都會為其主要的形象披上不真實的誤導人的外衣。而這些外衣催生了不可知論和懷疑論。那些從外面呈現的不真實的映射並不吸引人，當每個人心中的最高級自

我引導著自身並喚出自身的渴望和希冀的時候。

　　某些人曾經說過世界的光芒因彩色玻璃窗戶而不同表現，而流行的顏色都是羅馬法則的，是猶太人的犧牲。救世主的管理是生物學的，並不是法律形式主義的。真正的天父之子安詳地靜坐在人類心中，而有關他的教條式的觀念都是關於贖罪和取代的。在最高級最值得讚賞層面上對救世主的尋找，緊密地受制於真身長袍的細節。人類不斷努力，更新環境及其附屬物。真理的追尋者失望地在困惑於那些不確定的複雜的引用並迷失於旁門左道。那些需要給予支援的焦慮的靈魂的執著的卷鬚遭遇反彈，不知所措。這並不是那些需要在不可思議的年代出現的腐爛的身體或者是悲劇的死亡。生命是可以更加豐富充實的。作為人類種族之一，那些可見的模範擁有明確的個人歷史，這是確切存在的。迄今為止，既然這歷史已經存在了，那麼這肯定是充滿了樂趣的。作為一個引路人，他必須具備與人類同等的法力、感情和才能。但其中的新派男子已經被完全喚醒了。站在上帝的這一邊，他是樂於接收精神的湧流的。他並沒有過著禁慾的生活，而是一直與這個世界保持著連繫，包括這個世界的所有舉動他都瞭若指掌。但是除了一些偶然的外在環境，他還融入到一個更加寬廣的環境當中，並且有需要經歷被眾人包括他最親密的門徒誤會的階段。

在經歷了我們所知道的十字架受難後，祂復活了，所記錄的耶穌的出現少之又少，轉瞬即逝，很明顯祂並不屬於曾經生活過的集體，也不屬於身體範疇。保羅說：「播種的是自然的身軀，長出的是靈魂之軀。」穿越緊閉的大門，片面和不確定的認知，出現在未曾想過的地方，表明一個比土生土長的還要親密和非物質的組織。這裡並不需要看到那些設想的面孔，有關與聲稱的表現的對比已經做出。我們或許會發出疑問，為什麼耶穌已經擁有了至高無上的榮譽和成就，卻依然需要經歷世間的風雨之後才能置身於人類的圍欄之外。不管復活後的人物形象如何，我們或許能夠推斷出這些都是正常的現象，離不開人性精神化的可能性。更高層次的生活包括有能力為自己理想的生活買單。在那些美麗而有序的精神物質中存在有不為人知的潛力和真正的神祕性，同時還可能帶有明顯的迷信和封建。更高層次的意識應當是神聖的，自然的。

　　上帝是慈愛的，而慈愛因此也必須是天父之子所應具備的。愛是前期教堂的重要的主題之一。這是理想的基督教的長度，寬度和高度，包含著所有其他優良傳統。這是一種已經發展了很久的關係和品性，或久或近的。「因為愛是屬於上帝的，每個人的愛也是產生自上帝的。未知的愛卻不是屬於上帝的。我們能確切知道的是上帝賜予我們永恆的生命，

而這永恆的生命在他的兒子身上。他擁有了兒子，也就擁有了生命，若沒有了兒子，也就沒有了生命。我寫給你的東西，無非是想告訴你已經擁有了永恆的生命。」

如果說新生人類從人類本質上說是一個重要的進步，那麼他就不會是只關乎時間和地點。那麼摩西，丹尼爾和以賽亞又算是什麼？亞伯拉罕上帝，以撒上帝和約伯，他們都不是代表死亡的神，而是代表生命的神。生命既不受限制也不是停止不動的，否則這就稱不上是生命。心中神聖的容貌將會透過一些特徵永遠發光發亮並不斷轉化。

天父之子是一個鼓舞人心的美麗的神話。無所不能的天父難道能占據人類的形式嗎？一個永恆的真理，古代的也好，都將永遠保持新鮮。即使藝術被隱含在一些實體中，我們仍能感受到藝術其實是我們的一部分。耶穌是人類精神家族中的「老大」。我們並不會因為天父之子的榮譽而感到尷尬窘迫。「伯利恒之星」永遠存活在人類的心中並且驅散了靈魂的陰霾。

「黎明終將會到來，照亮那些處於陰暗和死亡陰影之下的人們；並且指引我們走向和平！」

第十章

犧牲和贖罪

　　人類是透過犧牲來取得精神和靈魂上的進步的。贖罪是一項常見的法則，而這項偉大的歷史事實雖然是尊尚的普遍的原則的實際表達，但是很多時候也受到了不少的限制。應用於人類的道德秩序規定，最好的最純潔的生命必須遭受苦難或者為人類的利益作出犧牲。十字架並不是只限制在耶穌被釘上十字架的骷髏地。當然，十字架的苦難曾經讓這個世界變得灰暗。人類的注意力從此定格在某些不平常的事件當中，因為法則都是普遍適用的以至於外在的眼睛並沒有意識到他們的存在。這個深深扎根於人類世界的偉大原則，在所有著名的宗教系統中有著不同的表達方式。特蘭伯爾在他的《血的契約》中說道：

　　「在源頭上可以追溯至摩西早些年的埃及墓碑碑文，上面記錄著古時候人鱷梨背叛上帝的傳說，記錄著毀滅人類的法令，記錄著為拯救選定的子民的神聖的干預。在那些傳說中，記錄著曾經有個不錯的地方被賜給了人類的血液。人類的血液混合著用作鎮靜的曼德拉草汁，被作為一種飲品貢獻給上帝，後來還倒入了江河以讓世界復活和重生。古代的碑文記錄著這些事件的發生是與世界上犧牲的開始同時進行的。」

當人們處於動物與人類的臨界點時，被象徵為伊甸園的墮落，獲得有關善良和邪惡的提示。自此之後，人們開始意識到其與生俱來的辨別對錯真假的能力。也開始了解了道德法則。他們也開始普遍地對某些事和某些人具備責任感，並會對未能遵守某些規則而感到內疚和遺憾。在直覺的促使下，他們開始對懲罰感到害怕。當人們選擇了做出低級的行為而不是高級的舉動，無需任何教條告知，他們也知道懲罰會接踵而來。但他們仍未能發展得這麼先進以至於知道這一切都是與生俱來的，是準確的，因為這些規則看起來像是一些外在的努力強加給他們的。很顯然，這是一種精神上的報復。來自於人類或者是上帝，比他們更加高級，更加強悍！由於這些力量和神是那麼的神祕，無法看見，迷信的恐懼被喚醒了，安撫的工作也變得是重中之重。摒棄罪惡以避免懲罰看起來是那麼的遙不可及而不切實際，所以一股強烈的與威脅的勢力妥協或者是出錢擺脫他們的意願應運而生。數不清的犧牲的方式也因此變得普遍。但儘管這是低級錯誤的，這也隱約地暗示著犧牲法則在耶穌出現之前並不都是完全合格的。在他降臨之前，進化的不成熟並沒有允許更高級的更無私的放棄的情況頻繁出現。

　　各式各樣的聖人，彌賽亞，聖潔的人類和先知，如釋迦牟尼佛和一些《聖經舊約》提及的先知，他們都能識別出

那些自我犧牲的真正模範，但是耶穌用一種更加明確的方式表現出來並且傳承下去。大家普遍都渴望能夠免去懲罰，只不過不是透過避免犯錯的方式。給予和食慾就是首要的推動力。施與必須是有價值的，並是施與者珍貴的東西。為了要讓人更加容易接受，施與人不僅僅是提供貴重的東西，同時還需要遭受實際上或者是隱含的精神上或者是身體上的苦難，又或者是同時遭受這兩種苦難。在那些既有善良的神靈，也有不好的神靈的多神教民族中，善良的好的神靈常常會受到讚揚和吹捧，而那些犧牲的貢品就會被提供給罪惡的勢力。而在早期的一神教理論中，同樣的原則也是存在的，只不過那些善良和邪惡的，或者說是受歡迎的與不受歡迎的都是集中在一個神靈上的，而不是分散在不同的神靈。

　　如果人類違反法則的陰影籠罩著，那麼法則的制定者應該感到安慰。奉獻物和祭祀物也變得很平常了，這在猶太宗教中一點也不比在周圍的族群或者是其他異教徒中少見。禁慾主義，嚴格自律和中世紀的自我鞭笞從人類內心深處不斷湧現，以擺正在自身，遠離邪惡，重獲信譽。那些深深扎根於人類內心深處的普遍的情感都會有其表現形式，用一些形式，在每個宗教體系裡。人類感覺到那些燃燒著的貢品的氣味讓神聞到一股股的香氣，那些血腥的祭祀比之前的祭品對於擺脫懲罰更為有效。但經歷了各朝各代後，祭祀儀式已經

失去了重要性，淪落為僅是一種形式。亞伯拉罕那股強烈的願望，奪取其兒子伊塞克的生命以取悅上帝。在他訴諸行動時，一股更高級的力量組織了他。這麼一種舉動其實是有違於仁慈的上帝的慈愛的原則的。永恆的天父，作為太陽神的先知，大聲哭喊著他們的神靈，並用他們的方式，舉起了刀和長矛處決了他們以爭取支持，正如《第一任國王》所寫的那樣。同樣是為了取悅統治的力量，對上帝角色的誤解，或者是對眾神靈們的誤解看起來並沒有任何不同。

在所有時代，所有宗教體系，對上帝的低級的人性化的概念一直以來都是祭祀體系的基礎。他只不過是一個被誇大的人類，或者是君王，虛榮的，熱情的，殘酷的甚至是腐敗的。人類的故事或許可以歸結為一部有關犧牲性的作品，從以野獸姿態出現開始，經歷了迷信的低級階段，再走向光明的歷史歷程，作為一種祭祀方式，這就是一個酸澀的不成熟的果實，其本質是純潔的，善良的。的的確確，人類的精神進步需要經歷啟發性的摩擦和苦難。這種感覺一直在延續著，即便是基督教到今天也未能擺脫陰影。

每一個人，每一個靈魂在通往了解真正的上帝的路上，都會經歷安撫上帝的階段。人類基於至高無上的力量上的激情和條件的反映都被披上一件禮物或者是祭品，甚至是可憐的態度都可以是取得喜悅的可行的外表。

　　或許全世界迷信禁用的特點是認為上帝是可以被取悅的，是需要透過捐獻無邪的血液來取得安撫的。天啊！那些提供受害者作為祭祀貢品的人是多麼的殘忍啊！請閱讀古代寺廟中關於祭祀地點的那些描述吧！那些咕咕叫的斑鳩，那些初生牛犢，那些羊羔，那些閹牛都傾注了他們生命的血液，以滿足那些異教徒的物理需求。但是殺生並不僅僅是限制於動物。即使是在猶太民族當中，人類的犧牲也並非是鮮見的。以色列士師耶弗他的女兒，以色列的領導之一，一個能判斷人類是否是選民的人，就是一個受害者。這個害人的習俗很可能是借鑒菊花化石時代的，僅僅體現了其曾經一度流行的特點。摩洛神只不過是一個神聖的稱號。這個神是猶太人的後裔，習慣於透過犧牲他們的孩子來祭祀。耶利米和希伯來先知伊齊基爾透過犧牲了孩子的父母，常常訪問更高層的地方慰問那些犧牲了的人們。這麼一個地方建築在耶路撒冷寺廟的某一堵牆下面。耶路撒冷位於希伯來或者是灼熱的地獄的陰暗小道撒謊個的斜坡處。雖然這些貢品都是呈獻給摩洛神的，但是這個殘酷的祭祀儀式是與耶和華的禮拜緊密連繫在一起的，以至於耶利米多次發現很有必要發出抗議，這並不是耶和華的意願，也不是耶和華組織所應該做的事情。即使華斯在充滿智慧的雅典人中，也存在著一年一度的犧牲祭典。一個男人和一個女人，被看作是罪惡的攜帶

者，被投入到古希臘城堡的峭壁。羅馬人也從塔爾鉑依亞岩石投下他們的犧牲者。我們無需為這麼一種殘暴的祭祀儀式做出任何的解釋。這些滅絕人性的儀式就像是一層棺罩長達數個世紀地遮蔽著古代最正直的民族。

對未知的以及未解開謎底的絕對的普遍恐懼，伴著內在本能的缺點自然而然地發現由耶穌制定的救贖計畫。我們是上帝的兒女，我們是根據上帝的模樣而被創造出來的。如果說集萬千寵愛於一身的上帝會從血腥的捐獻中尋找到滿足感，這會是一件多麼噁心的事情，對於人類而言更是一種背叛，我們就不可能透過華麗的辭藻，讚美詩，教義和宗教聯盟等方式來銘記上帝，為上帝賦詩歌頌了。在耶穌在世統治世界的時代，在此之前或之後的很長一段時間內，世界各地隨處可見俘虜和奴隸。一般說來，他們是曾經參加過戰爭的戰俘，或是被判決有罪的或欠下債務的囚犯。通常，如果他們能支付一大筆金錢，我們通常稱之為贖金，他們就可以重獲自由。他們支付贖金以獲得自由的行為被稱為是贖罪。由於人類不管是被囚禁的俘虜，又或者曾經是罪惡的奴隸，他們可以重獲自由。如果他們能被更高級的人，或者是救世主的生命救贖的話，這種眾所周知的事實演變成一個自然的現象或者是連繫。但這只是從罪惡中獲得救贖，而不是從上帝的天使中。悔改和摒棄錯誤的行為可以幫助人們從他們更低

級的自我中解放出來,卻無法與上帝產生連繫。只要罪惡變得普遍地個性化,這其實是魔鬼撒旦的奴隸。

　　只有透過曲解或者是誤導性的寫實主義才能讓聖經傳授著耶穌是因為人類的罪惡和愧疚而遭受懲罰的觀念。如果耶穌的死能支付從人類到上帝的合法債務,那麼神聖的寬恕和慈愛就沒有了立足之地。對於救贖的冷冰冰的,正式的和技術化的理解,長期讓教堂和這個世界背上沉重的負擔,幸虧這個時代已經過去了。這本來是與正直和慈愛的本質毫不相關的。這個術語曾經是正確的,並且意味著處於圓滿和諧的狀態。隱含的改變在於人類而不是在於神聖。當這個超然的詞語看起來正在傳達透過購買,透過呈獻鮮血來換取的神的滿足感,而實際上,耶穌從來沒有傳授這麼不敬的教義,早期的教堂的精神也從來沒有過這種觀點,後期的教會主義亦如此。顯而易見的是,如果贖罪和救贖是以耶穌的死作為前提條件的,那麼耶穌不可能在其生命期間或者是統治期間將其公之於世,人們也不可能在很早之前就應熟悉什麼是贖罪和救贖了。他的任務並不是要安撫天父,而是親自告知世人他的存在。這是十分必要的因為未發展完全的人類的意識是物質化的。精神類的教程必須是由他這個層面的人去進行傳授、講解的。注意到對贖罪的曲解的觀念是如何演變的是一件有趣的事情。當康斯坦丁的教堂為國會所認識,並失去其

還純樸的精神力量和魅力，冷酷無情的羅馬法權主義占據了主導位置。上帝也變成了一個遙遠的，陌生的殘酷無情的君王。周邊民族對其神靈盲目的恐懼彌漫，並取代了早期的使徒時代，也取代了內在上帝的出色的希臘模範。人們希望能夠從一個正式的，權威的並不可愛的神靈中獲得庇護。他們渴求某些物品能夠在他們對上帝的排斥以及對自我的排斥中做出干涉。世界上沒有任何一件事能夠比這一訴求更為自然的了。他們被告知必須得愛戴上帝，而這在道德上是不可能的。當然他們十分希望能夠逃離，並希望他們的臉能被遮住。從此以後，教義變成了一種干涉。「上帝是慈愛的」。愛是溫暖人心的，自然而然地散發著魅力，並帶來尊尚。那耶穌或者是其他東西還需要在愛之間做出干涉嗎？這並不是真實的上帝，而是人類所設想的上帝。如果正確地翻譯，血象徵著內心的特質，不是死亡而是生命。一個民族的血液，一個朝代的血液，一個家族的血液，只能表明血緣關係，遺傳的性格。沒有事情能夠隱瞞上帝。

除非是透過誤導性的文學作品，否則聖經中並沒有教導世人，聲稱耶穌是代替人類遭受懲罰的，聖經也沒有教導他人，認為上帝將對人類的憤怒發洩在耶穌身上。但是正如之前所通知，當耶穌降臨之時，犧牲之風蒙蔽了整個猶太民族的宗教視野。作為一種祭祀儀式，這是永恆存在的，被屠殺

的動物的血液陸續不斷地從祭壇上留下來，寺廟裡充斥著燒焦的祭祀品的滾滾濃煙。人類並不知道，如果沒有了祭壇，沒有了供品，該如何供奉神靈。當基督主義取代猶太主義，犧牲的觀點自然而然地從某種形式延續著。世界上最好的物品都需要供奉給神靈。雖然在以色列的某些人中存在著一個更加聖明的好方法，但一般說來，在舊的宗教體系裡，犧牲品這個觀點最終會在新的宗教體系裡轉化成一個更大的犧牲品。他就是典型的羊羔，他就是永恆的逾越節祭神的羔羊。

但耶穌不是被上帝殺害的，也不是被朋友害的，而是被出於仇恨的敵人所殺害的。殺害他的人並不知道如何透過他們犯罪的行為去表達尊敬。所有真正的犧牲的行為都是精神上的，是典型的，來源於對真理的貢獻，也是人類服務的一課。

當東方國家的君王因其國民而擔憂；或者是因為他的敵人而憂心忡忡的時候，禮物就會被呈上以安慰君王，取悅他們。對於以色列的普羅大眾而言，耶和華就像是一個偉大的帝王，在國民眼裡，君王對寧靜所做的努力是完全符合邏輯的。「人類之子」的工作實際上是要將靈魂與上帝連繫起來，而這個就是現代基督教徒的理想。所有正式的祭典，作為一種儀式，都是從異教中倖存下來的。

耶穌的死實際上並不是奇怪。他是一名無可比擬的，尊

貴高尚的烈士，但僅僅是那些為真理獻身的眾多無名英雄中的一員。真正的贖罪其實是對人性的一種愛的最好的表達。就拿這兩個詞語來說，救贖和贖罪，在文學或者是字面上的意思，在基督教天主教的教堂裡有這麼一種理解流傳了多個世紀，耶穌在十字架所受的苦難是為了向魔鬼贖罪，因為他是擁有罪惡奴隸的人的敵人。撒旦的需求需要被滿足，而自由也需要用同等的交換物來換取。這完全符合流行的贖罪的風俗。為了釋放奴隸，贖罪常常被提呈給東方世界的專制的暴君。只有債務才能被免除，因為罪人實質上已經將他們自己賣給了人類的死敵。這麼一種教義呈現了來自於現實糟糕的奴役身分。而這個教條在很長一段時間都屬於正常的。

上帝永遠都是與人類和平相處，而這本福音書，或者是好消息，都是耶穌想要傳達重要的資訊。只有那些成熟高級的靈魂從前就一直相信著，而這個信念毫無疑問是通用的。由於人們必須贏得暴君和自私的國家統治者的信任和喜愛，所以他們理所當然地認為有必要贏得天堂天父的信任和喜愛。傑姆斯·弗里曼·克拉克博士將這個稱為是「救贖好戰的觀點。」這是從羅馬法律體系苛刻的規定中流傳下來的，而這也被認為是救贖合法的理論解釋。雨果·格勞修斯認為還有另外一種假設，認為這是救贖的官方理論。實際上，其實這是上帝透過耶穌的死來懲罰人類，以此告誡人類，避免

日後繼續犯罪。而十字架受難也因此被當作是一項道德律誡，處於威懾罪惡的理由。大家一直認為，人類的愧疚如此集中並不斷增加，以至於耶穌為其煩惱。因此那些苛刻、令人厭惡的教條將恐懼和罪惡帶進了人類的生活！真正的贖罪在於拒絕罪惡。世界上或許會存在自願替他人承受苦難的行為，但是並不存在不情願承受，本不應該遭受的懲罰。道德秩序是公平公正合理存在的，而不是反覆無常的。超渡是根據事物發展內在規律為懲罰所做的準備。這不是報復性的行為，而是補救性的行為。這樣做的結果可以讓人類遠離罪惡，從而對人類的操行產生積極的影響。那些令人不悅的人類所經歷的效用被英國女詩人勃朗甯恰到好處地表達出來：

「那麼歡迎每一次的回拒吧！這可以讓平坦的地球變得坑坑窪窪，粗糙不已。受到挫折後，請不要坐下來，也不要站起來，而是要走起來！讓我們的快樂四分之三是痛苦！努力吧！費勁也毫不在乎！學習吧，忘記那些痛苦，堅強一點！絕不要害怕遭受苦難！」

那場爆發已久的爭論現在幾乎停止了。這場爭論在於有限制地救贖宣導者和一般救贖者之間。不管對於耶穌工作品質的評價有多少不同的意見，但是現在很少人會質疑一般應用性。激起任何已經解決的爭論不是明智的舉動，也是不必

要的行為。只要是在現有的概念裡，大家差不多都會提及有關的替代理論，但是該教條的官方陳述仍然存在並且從中給誠實的評論帶來挑戰。倘若一個教堂的「澄明」並不被人們當作是權威性的，那又有誰會決定其位置呢？西敏信條認為，長久以來作為一種標準的：「主耶穌透過犧牲自我，完美地服從，贏得天父的理解和公平的對待，換回了和諧，得到天父恩賜進入天堂。」偉大的羅馬和希臘天堂更是強硬地對此教條做出說明。看吧！這麼一些沒有價值的上帝模範消逝得多麼快！但是出於心理的原因，這些時代的集中的想像力不可能一瞬間就會消失無蹤。除非精神進化是循序漸進的，否則也是名不副實的。

在過去，神學思維一直把殘忍的古代以色列的犧牲祭祀看作是一個徵兆。又或者看作是殘忍犧牲的一種救贖。但是這種關係並沒有相應的證據可以證明，而其與道德的不對等卻已經是人盡皆知的。而這一種改變當然是人性發展過程中偉大的一步。透過禮物、賄賂和血液的救贖與異教徒的所思所想，所作所為是一樣的。這並不是由摩西引起的，就實際而言，他已經對這一流行趨勢做出了限制。這已經被追隨他的猶太民族先知否決了。但在耶穌出現前的幾個世紀，這已經是很流行的了，並且猶太民族的道德很明顯處於退步的趨勢。宗教變成了神聖的外殼，而公義變成了空洞的祭祀。「人

類之子」已經用強硬的言語堅決地譴責這樣的形式主義。在
現代，那種久久占據基督教主要位置的神聖祭典的教條主義
一直是精神進步發展的阻礙。作為內疚結果的懲罰，是不能
被購買或者是出賣的，因為這本質上就不是可以進行商務交
易。高尚無私的生命道路上的犧牲並不是可以討價還價的，
也不是一種法律細節。各個時代的先烈為了擁護真理、原則
和正義而歷經磨難。他們並不是本身就具有義務或者是責任
去這樣做的。總是會有一種神奇的東西能夠將他們的痛苦轉
換成歡樂。常常，他們的身體即使昏倒了，卻仍然能夠歡樂
地歌頌著讚美詩。但是那些被逼迫犧牲的人物又是這麼不
同！還有那些被放血的無辜的動物！就因為無知的人類認為
這樣可以取悅上帝！以賽亞神聖的觀念認為，猶太民族的偉
大之處在於：你們對我所做出的犧牲究竟是為了什麼呢？上
帝說：我現在擁有很多燒烤過的羊羔祭品，野獸的肥肉，我
高興並不是因為這些牛犢或者是羊羔或者是公山羊的血液，
當你出現在我的面前，是誰允許你無理踐踏我的法庭的？不
必自費力氣帶任何祭品過來了；我討厭阿諛奉承，新的明月
和安息日，召喚著聚會，我不能再繼續忍受罪惡的肆虐，也
不能離開這莊嚴的聚會。你的新月，你指定的款待，我的靈
魂很是厭惡，他們對於我而言是一個麻煩，我厭惡與其同
行。」透過以賽亞傳達的「上帝的話」帶有比《聖經》的大

部分早期作者的精神還要純潔，還要鼓舞人心的印記。

很明顯，耶穌並未將自己看作是犧牲的貢品或者是神聖地清還了債務。他更像是生命的糧食，最好的醫生，一道門，又或者是葡萄藤教會。有這麼兩到三篇帶有獻祭觀念的短文，其中最重要的一篇是：「當他們正在進食的時候，他拿起了麵包，而當他完成祝福的時候，他又開始破壞祝福，並將其給了他們，說：這是我的身體。然後他舉起了一個杯子，當他說完了謝謝後，就給了他們，讓他們一飲而盡。然後耶穌對他們說，這是我立約的血，為很多人流的。」（《馬太福音》第十六章，第二十二頁到第二十四頁）。這與耶穌的平常教導是那麼地不一致，按照字面理解，這看起來就像是在篡改。任何一般聖經的短文都應該不僅僅根據文章背景，還應根據整體的主調和全文的思想主旨來進行翻譯解說。短文的字詞是造成羅馬天主教條變質的主要原因，其所暗示的含義或許會更加不正常。但如果其真實性是毋庸置疑的，並且符合東方意象的用法，那麼這就會指出作為內心深處道德品格意象的血肉之軀能夠寬恕罪惡，或者遠離罪惡。擺脫罪惡主要依靠耶穌的肖像和性格。

關於那些帶有獻祭原則的印記對聖保羅的不同看法，我們不應該忘記，雖然他被稱作是異教徒的信徒，他還是「一個猶太民族的猶太人」，他一直致力於改善福音書以適應猶

太民族的觀念，從而贏得他們的國民支持。他實際是種族觀念的產物，充滿著種族思想。人物和象徵物都流傳了下來，並且繼續服務著，只要有可能，就會以改革後的宗教形式去實施執行。延續多個世紀的犧牲品和獻祭在猶太民族看來是分等級的，很多都能從過渡轉變中存活下來。他們宗教的偉大的祭典形式並不會在一時半刻地就可以廢除，至少，可以找到無形的連繫。

　　但是基督教義留存下來了，作為一種內心體驗倖存下來，雖然其神學理論曾經或多或少地被異教徒渲染描繪。真正的獻祭理論是存在的，愛和無私能賜予獻祭活力和生命力，而耶穌也曾經用樸實無華的語言教導以莊嚴的不抵抗的理念。這個世界處處都有自願犧牲的行為存在。但這些都是因為其任務神聖所驅使的，他們會因此會更加高興，並非是仇恨。我們可以呈獻給上帝的最好的禮物是服務。那些為忠為孝或者是其他偉大感情所做出的犧牲都會變成祝福和特權。他們並不是合法的買賣，或者對其工作有毀滅性的影響，因為他們保留了生命和角色。

　　而現如今在那些崇高的道德秩序裡最大的問題是那些經歷苦難的神祕原則。這個問題起初看起來是無法解決的。還有那些為了緩解愧疚所做出的無辜犧牲。妻子因為丈夫犯罪而遭受苦難，朋友間也相互為他人所犯的罪而遭受苦難。集

體的無辜成員也會為其集體的錯誤而承擔責任。每個國家都會為其所犯的錯而遭罪。這麼一種重要的普遍受用的原則是如何與上帝的仁慈保持一致？或者只能從民族團結的深層含義中說明。如果每個人只為自己所犯的錯誤承擔責任，那麼這看起來會公正多了，但這只會產生自私。他服從的動力很快就會變得狹隘於自己的個性。他會變得對他人的事情漠不關心，如果他的行為是正確的。但是他的興趣愛好會不斷增加，也會被擔憂所蒙蔽。不管我們是不是會這麼做，我們都是「兄弟們的守候者」。沒有任何原則能比互相體諒、互相理解更能教導人們學會團結友愛。所有有關我們的事情都會彙聚成一張網，彼此分不清彼此。沒有人可以做到忽略同情心的愛和服務，因為多種形式的線像一張大網那樣交叉縱橫。也沒有任何別的東西可以阻止自私的潮流。但是少有人能夠完全理解這個神聖的原則。但是真正的自我犧牲並不是完全抹殺自我，而是充分挖掘個人潛能。如果真的存在獻祭，那麼所呈獻的物品必須是生動活潑的並且是豐富的。真正的自我疼愛並不是自私，並且能夠與對別人的愛是保持一致的。這麼一種愛是會不斷累積的。不僅僅行動可以幫助改善世界，而且生命也能夠促進世界的發展。每個人都應該最大限度地挖掘自身潛能，因為他既是方法，也是目標。每一個豐滿的道德精神模範都是具備很多人類所擁有的固有財產的。

第十一章

權威的真正地位

　　在宗教發展歷程上的最大的障礙，從廣義上可以說是基督教的發展歷程上的障礙，就是來自外界對官方權威的猜測。不僅僅在宗教上，，而且是在國民事務上，科學上，道德以及生命的方方面面，現代人都意識到不斷增加對自由的渴望和對自由模範的理解。由帝王統治政府的神權只不過是進化過程中的一個階段。人類對於來自上層領導頒布的法令的忠誠度逐漸減少，卻變得越發尊重良心的激勵和內心的直覺。那些本質就是反覆無常的權威的力量現在明顯已經在衰退。證據以及合理性已經是必不可少的。證據必須得展現出來，自由的發言也逐漸取代了強制的形式。

　　文明的模範和政府應該屬於人民，自在於人民，其合理的來源既不應該是高於人民，也不應該在人民之外。官方法律比起領導，更像是真誠的公樸。統治者只不過是一個群體自由表達自我訴求的管道。官方的背後，不管是處於何種等級，都代表著整個政治體系的架構。一個正常的天賦的民主正是新時期別樹一幟的特點。這貫穿於生活、精神、道德、宗教、政治和社會的方方面面。那些倖存為數不多的專制組織的反覆無常的特質迅速消失。

　　由於改革的車輪是不會往後倒退的，所以一般專制主義的原則絕不可能恢復以前的影響力。人類不斷地前進著，追求真理，充分地表達自我，他們為新發現的自由，推翻前人

陳舊的觀念，打破限制，質疑傳統而感到興高采烈。如果靈魂的神聖力量值得就是宗教，精神生活是一種內在的體驗，那麼我們可以推斷權威的指示其實是不合邏輯的。但是某個堅定的信念認為相應的自由並不應該排擠官方的基督主義。人類並非是種資源，被認為應該從外面引進一些應用，然後提交給強制的系統，需要被專業地對待。如果他運用了上帝給予的現實的原則，突破某些陳舊的教會限制，那麼他就可以被稱為一個懷疑論，甚至是「自由的思考者」。無拘無束地去思考或許是一件高尚有利的事情，但是在過去這被稱為是一種咒罵。如果在合適的時候，應當被當作是榮譽的象徵，會不會很奇怪？

官方的基督主義無疑在聲稱教條的權威性的時候是真誠的。我們甚至需要承認作為成長的一個階段，這個很自然而然地超越了內在智慧和自由的意識。在進化的過程中，更高級的發展和自發的表達隨後而來。不管什麼都需要遵循權威的想法是幼稚的，不成熟的。教會的奴隸制度正在走向衰落的事實強烈地說明了精神文明在不斷發展。不再受到形式主義的束縛，人類更可以直接獲取神的啟示，直面內心的上帝。而這就組成了在精神領域的純粹的民主。

在孩童意識以及人類剛開始發展的時候，有這麼一種傳說。

在前期，這一直都是有效的，我們無須對此表現輕視。作為一種初步的原則，他已經做好了自己的工作。如果現代精神看起來不合適打破陋習，這只不過是一種自然反應，就像搖擺不定的鐘，反應常常是過激的。但從主觀感受來看，自我調節的內在本質在某個時候會輕視自己。如果不是因為補償的法則，教會的權威性不該比那些內在的和真心的指示衰退得還要快。大家都是這麼希望的。在現在這個過渡時期，這兩種相反的觀點引起了眾人的疑惑。

在宗教、民主和政治領域，顯而易見的是對於正式的權威和組織權威的反應進展得太快了，這裡就有同樣處於無序的過渡期。一個真正的民主的自我肯定來自於高尚的模範，道德教育和提升集體水準的個人正義感的發展。民主是好的，但當被強迫著向成熟發展，這或許是只能產生形式主義的證件，忽略了內在精神，外在法則和整體的權威性。新的暴政出現了，還冠以自由之名。

每個組織愛其時間和位置上的理想的效用就是明令規定禁止批判教會以保存其權威性。其代替品並不是作為一個教育性的機構，而是一種統治的權威。取代在平靜地快速地進行著。他們用錯誤甚至用迷信來粉飾信念，不過這樣總比沒有信念要好得多。沒有事情空洞的否定和冷漠還要可悲可憐的了。一種強烈的教條式的信念的一項任務就是將其變得純

潔，並且擴大範圍。善於思考的人類總是帶著懷疑的眼光看待宗教之，避免與教堂扯上關係，因為基督教被呈現出一個高壓的強制的體系，並且作為一種本質並不是天然的一種元素出現。號召力以不受歡迎的必需性出現了。這看起來一點都不像是理想中的釋放，這並不是什麼好消息。在這個年代，人們迷戀於民主，任何反覆無常的東西都會引起懷疑。那些勞動人民和高知識份子的不信任就是一個典型的症狀。不管這種感覺是否有良好的基礎，都是實實在在地存在著的。從現有的情況看來，教條主義應繼續專橫武斷嗎？在這種關係上說，這是符合發展趨勢的。這種發展趨勢主要來說就是歷史上那些宗教運動中表現的權威至上的趨勢。不管是在廣泛的基礎還是在有限的基礎上經歷檢測，原則和系統都是以人性作為衡量標準的。

東方的統治或者說是所謂的東正教，都淋漓盡致地表現出專制主義。占據主流的觀點和包羅萬象的觀點就是教條主義。其偉大的目的就是保存其完整性，並且強加一些被認為是最終版本的形式和生命。帶有錯綜複雜的細節的系統被一勞永逸封存著，保護著，毫無增長或者改善的空間而言。自然而然地造成了道德停滯和精神倒退的後果。慶典頗具戲劇性，極具感官享受，其儀式也是一絲不苟的，正式的。人類的產物是迷信，無知和盲從卑微。俄羅斯的獨裁專制和東正

教的專制主義一致，並且達到東正教專制主義的最高峰。這樣一種權威的體系並沒有像其誓言所說的那樣花費精力和時間去打造一個道德宗教的體系，而且與實際生活毫不相連。

希臘教派時代過後，就是羅馬時代的降臨。傳統並為對教條做任何的修改，真理也被看作是一個需要完成的數目。對於個人而言，自由的思想和表達是危險的，也是明令禁止的。從而導致了精神和宗教的專制。羅馬教王是唯一的神聖的管道，最大的職責就是服從。作為上帝的代理人和絕對可靠的傳達者，對他表示服從才是唯一的安全方式。這從邏輯上看來是一種最完整的機械主義，其中的每一個部分都是符合他們的地位的。

這是一眼就能夠看穿的，羅馬明顯就像東正教的建立那樣與現代宗教文明和個人自由表達的發展方向是相反的。這從屬於之前的人類並不被信任的年代，從屬於那個若不經神職人員的解說和教條主義的包裝就無法廣泛傳播《聖經》的年代。這就是埃及托勒密王朝的精神宇宙學，一種自然的連繫。顯而易見的是羅馬教會的聲望和勢力都在急劇下滑。一直到十六世紀，羅馬統治者不擇一切手段擴充鞏固期專制的勢力。那個時代的最後時期，其霸權看起來已經發展到頂峰。高級的和低級的國王和下人都是可憐的乞求者。但是很快，他們就失去了大不列顛王國，和大陸的大部分北方地

區。最近，其對墨西哥和南美洲的一部分的統治被推翻，最終在義大利和法國的統治也被推翻。人們一直不斷阻止教堂和國會的結合，而這個過程也終將會繼續。法國的缺口十分龐大。摒棄宗教的秩序，國民大量吸收宗教的財產，這些都是長期日積月累的後果。以上種種和其他的一些徵兆都在表達著人類在進行著一場釋放戰爭。在不遠的將來，所有事情都指向文明世界的所有國家的宗教自由。究竟英國國會的成立是不是足夠明智去認定宗教釋放運動的普遍趨勢，是否能明智優雅的服從於不可避免的發展趨勢，還是會頑固地堅守屬於過去的專制主義，這的確是一個有趣的問題。

帶著過錯和曾經的狹隘，羅馬教會的教導是真誠的，其在以前的所作所為都有被留存，也是善良的。作為一股偉大的道德宗教約束勢力，作為對抗異教徒，多神論和無神論的壁壘，羅馬教會一直有對這個世界產生重大影響。更高級的進化理論對其作用做出了善意的解釋。人任何體系，即使伴有重大的錯誤，也能憑藉其與眾不同的特質找到一群令人滿意的追隨者，這些體系主要是用來管理我們的靈魂本質的。沒有一種體系本質上是壞的。作為一個具備不同性質的組織，天主教會在過去所接受到的捐贈比在現在所接受的還要多。正是因為如此，天主教才會被當作是救贖的不可缺少的工具，以至於人們利用了天主教來強制自身做該做的事情，

不做不該做的事情。這種感覺相對於任何本質是善良的或殘酷而言，無疑都是造成歷史上很多宗教迫害的原因。「拯救他們的靈魂吧！」這種感覺是根本的，最有價值的部分，即使，他們的身體作為一種工具是必須犧牲的。如果洗禮和思維意味著永恆的生命，不服從意味著無休止的折磨。這就是一種邏輯的善意以強迫世人投降，甚至帶上了刀和鐵塊。因此，真正的野蠻是在於教義中而不是在於人類本質或者是意圖。從這個觀點看來，宗教法庭是一種人性化的善意的組織。對比於無法形容遭遇的永恆，短短數年完整的身體價值何在？

但是，請看看教條主義是如何軟化的吧！正如官方保存的那樣，傳統和法令幾乎保持了文學上的完整，但他們的精神和生命又經歷了怎樣的一個變化！這表面，語言並不重要，但是其表述非常重要。教義的晦澀難懂消失在真實的源頭。現如今的羅馬教會，在形式上維持著專制權威的一面，但實際上卻是溫和謙卑的，對於其大部分追隨者而言，無疑是一股積極的力量。現代意義上的教義比起物質否定更加有益健全。相信某些東西總比不相信任何東西要好得多。那麼，如果過錯和信念夾糅在一起，這個組合逐漸會在靈魂上和實際中淨化自我。羅馬教會一直就像是一個守護孩子的母親，在他們的懷裡，孩子們可以無憂無慮地酣睡休息。他們

來自於毫無爭議的地方，來自於一個所有事物都已經經過精心準備的地方。他們無需思考。很久以前已經有人為他們做了這件事的。優雅的整合就是他們一直所保持的。無法否認的是，從心理學上說，很多人都希望有人可以為他們解決好所有問題。但是為什麼那些幫人解決問題的人需要這樣自找麻煩呢？有些人會表現得更為明智，他們的責任和權利就是專業地運用教會沿留下來的儀式和慣例。但是到了哪個程度一個人才能被委託人「拯救」呢？通向上帝的道路是否都需要經過一道道關卡？這些關卡是否都可以被維持某些秩序的守門人打開？聖彼得或者是其他的聖人是否都有鑰匙？祭祀赦免到了什麼程度才能從不合適轉換為合適的狀態並且扭轉正直的精神人物的角色。在此，進化的法則再次進行了干涉，並且建議：如果欠缺了直接的努力和發展，但退一步來說，欠缺不是總比沒有好嗎？是的，的確如此！

羅馬教會對於教會式的東西或者其他外在的權威性來說是一種邏輯性的結果。約翰‧亨利‧紐爾曼誠懇地相信完全正確的宗教權威的確存在於上帝和人類之間，因此臣服於羅馬在邏輯上也是說得通的。英國國教的僧侶運動借助如萬有引力一般的心理學原則稱為了一種羅馬的病房。這就像是在高速公路上的休息處。在完全成熟的教會權威和自由自由表達的精神民主的天主教之間並不存在中間媒介。完全發展成

熟的教會權威不相信人類的自然本性和心靈，並認為不信任是與生俱來的。他們理所當然地認為這個世界對於上帝而言是遙遠的，陌生的，並且教導說人類是可以利用一些外在的器官來靠近上帝的心的。一旦認為宗教生活的方方面面都是正確無誤的，那這個世界上就沒有錯誤了。完全正確的聖經必須透過完全正確的教堂透過一個完全正確的頭腦正確無誤地翻譯過來。但這裡缺少了一種連繫，沒有足夠完全正確的人類接收有關資訊，那些這個整體或多或少都會有點錯誤。

在天主教教義中，存在著一股普遍對抗權威的勢力。而天主教教義也被看作是一場偉大的運動的專有名詞。人類心中反抗專制主義和獨立的精神在某種程度上宣揚個性，但在十六世紀，這成為了一項廣泛開展的活動。人類的意識抗拒長期的壓迫，而對權威的反抗最後被禁止了。羅馬教皇曾試圖鎮壓，最後卻是徒勞無功，從此引發了一場傳統專制與人類表達自由的抗爭。總而言之，關鍵問題在於：權威的真正意義何在？難道人類理應被束縛，而宗教也是理應為某些人限制在某些密封的地方？人類生命中最重要最神聖指示的人已經死去並且轉化成塵埃？難道人類在通往上帝的道路上受到了挫折，不僅意願沒有那麼強烈了，而且在宗教發展的末期所強制實行的形式和限制也受到了牽制。

由於抗議運動越演越烈，人們也不斷努力地推進這個運

動，撤銷了羅馬專制體系。作為一種專屬權威，大家對後繼者的呼聲也越來越高。你的信用憑證何在？你的教學又有什麼約束力呢？如果不屬於教會無謬說的一種，那就是屬於其他的了。這個時代仍未能成熟到可以理解內心上帝的含義或者是意識到靈魂深處主導著的神性。人們所呼籲的權威性只能從外界獲取並且是反覆無常的。而民主模範人物的進化程度是超越了其所在的時代的。上帝的權威性是需要有可見的形式的，必須有人類的高尚所支持的。對於抗議者而言，《聖經》是能夠滿足這個需求的唯一有效回答。準確無誤性是必須的條件。因此準確無誤的《聖經》作為一個奇蹟，取代了羅馬教皇的位置。不管在神性上是否合理，你必須這麼相信因為上帝對此已經在《聖經》中做出了規定和要求。這就是他個人的聲音和語錄。由此，人類直接與上帝交流的快樂和靈氣丟失了，強制地實行著一些理論學術的障礙。認為上帝就是戴有皇冠的國王，有著人類的激情和無奈，而聖經則是其文字化的聲明，這就是根本思想。帶有羅馬背景的王權在那個時代的指示是可以想像的。這是法則，不是愛，專橫的要求而不是天父一般的友好和慈善。以上這些，都有著一堆理論與其相適應，定義那個時代的宗教，我們並不能想當然地期待有什麼特別的事情發生。人類高級的本質受到了強烈的鎮壓並被剝奪。抗議運動隨後採用了與前任同樣的精神。

個人的良心被泯滅了，大家都在自由地暢想聖經是飽含不信任的事實。

　　給予《聖經》自由的解釋，為其正名對於那個年代的狹隘的想法而言幾乎是不可能的。實際上，這並不是聲稱是準確的聖經所認為的，只是那些解說所認為的。因此，十六世紀因為強加實施的抽象理論的出現和散播而出名。在接下來的世紀裡，這些決定演變成死板的教規教條，作為一種標準呈現在我們的面前，被廣泛地擁護著。這對於我們維護十六世紀、十七世紀哲學、宗教、物理、天文學、科學和發明、宗教的標準而言是合理的。那些帶來無限光明的事實自從無視那些歷史和聖經構造的日子後，被宣告於人類社會。那些被所謂的官方的不法分子的汙蔑的基督教的叛徒遺留了下來。

　　但是，當今天主教的教義更加得自由化。在其信徒中，至少有相當一小部分的人，甚至是大多數人都不在堅持時間的完整，有限制的補償，完全的墮落以及永遠遭受苦難的宿命。那些將以上教條看作是一種形式主義的人認為這是一種前人不知的賠罪的吻合的方式。那些正統人士在二十世紀的再次解釋並不會被我們的最先所承認的。教條主義在十九世紀時快速地走向衰落，尤其是在十九世紀的最後的幾十年。其進取心已經轉變成一種無效的抗辯。他們不再聲稱自己是

作為權威出來說話的，而是不斷為自身的繼續存在尋找藉口。並且，他們經常會說，對於聖經，要麼就像我們一樣完全地相信，要麼就全然不信。但是神的責怪方式與過去的雷擊懲罰方式有一點雷同。教堂裡大部分深邃的思考者現在都承認所有聖經的解說和結論都會邏輯性地幻化成人類的觀念和想像。這不僅僅需要找到靈魂的家園，而且還需要找到其振興的方法。

　　教條主義要求學習聖經的時必須把承認聖經的權威性當作是首要的任務。因此他們提前對每個聲明都做出了判決。其他的文學作品只吸取了其一般的主旨，而其他的聖經作品卻是相互排斥的，這些作品構成了理論體系的基礎。不合理地引用正文以及避免使用文學手法使得聖經被當作是不現實的，並且對於現代而言是不切實際的。

　　聖經分散的手稿最終被編輯成冊，並沒有對作為整體的專有的權威性做出任何聲明解說，因為這是不可能的。那時候誰會知道聖經將會變成什麼樣子？過了多個世紀，歷經熱烈的討論後，這個問題終於被國會的多數人投票決定了。錯誤、不當的翻譯以及篡改，很明顯地是存在的，但這些都被排除了。人們無視了其合理性並用隨意的解說將其取而代之。這本優秀的古代的聖經作品被正確看待和理解的時代到來了嗎？這本書並非是一個神物，也不是為抗議教條主義所

做的護牆，更不是變態的神奇公文，而是一部具有崇高思想，飽含真理的鼓舞人心勵志向上的作品。

宗教的至高無上的權威最終會被上帝本人所承認肯定。很明顯的，神聖的品格需要透過一些外在的設備所表現出來。但是如果神聖與人類是能夠正常地交流，權威是需要透過靈魂的正常管道傳達，而不是透過傳言或者是外界的權威。歷史意義上說，新教教義本身對於理性而言是一個公開的吸引力。從更加廣闊的意義上來說，理性不僅僅包括邏輯性，而且還需要對靈魂的力量更加高層次的理解和解說。現在很盛行的現代懷疑論是作為羅馬教皇蛇像邏輯的繼承者無過錯的主義文學聲明的一種懲罰，也是對它的一種反應。懷疑論者對文學家說：你的聖經賜予你權力擁有奴隸，實行多配偶制，並處罰戰爭和報復行為，而文學家並不會從其翻譯的方法去否認這個觀點。

真理之間是不會自相矛盾的。聖經所教導的真理一次又一次被發現是與科學和世紀知識的正確性是背道而馳的。一系列無恥的撤退由此緊緊地跟隨傳統主義的擁護者。冗長且殘酷的處決已經被時代所拋棄了，人類再次可以全心全意地，自由自在地追尋真理：「真理是可以釋放人類。」

世界上存在著一個更加高級的權威，而教堂也普遍地為人類所承認。這種權威來自於上帝，或者是貫穿於人類心中

的神聖。耶穌認為，說話時應該帶著權威去表達，而不是像一個作家去表達。」先知們的提供的資訊是積極的，這些資訊本質也帶著自證的風格，而那些包含在形式和慣例的神聖的表達是不穩定的。古神殿被真理的尊嚴所澄清，而不是被神鞭所恐嚇的。這些先知擺脫了環境的束縛和傳統的不確定性，並把自己當作是傳達神聖的一種管道。他的資訊觸動了每一個傾聽者的心靈。他處理著這些格言，而不是那些未知的數量。但他並非是一個專屬的命令，因為先知的本質至少是存在於每個人類的「神聖的形象」當中。即使他們都帶有宗教的標籤，但是隔閡已經在上帝和靈魂間產生了。先知的領導人並不需要支援的聲音，因為他們已經被認定有罪了。儘管拿撒勒已經兌現並且背書了這些真理，但是他仍然被當作是攻擊傳統觀念的人。

因此我們可以推斷那些帶有無限印記的權威並不需要道歉或者是解釋的體系，因為權威本身就可以照亮自身。那些先烈們甘願承受苦難以換取的內在的、自證的真理是正確無誤的。「內心的純潔能看見上帝。」現實並不會屈尊於任何帶有疑點的問題，而是堅決反對這些疑問的。在確認最終標準意義的過程中，根本的過渡階段是一個轉捩點，或者說是耶穌理想的一大躍進。

由於人類處於宇宙當中，他必須具備最真最好的創造性

成熟。聖經的作者擁有他們重要的位子，但這並不是意味著可以將其他時代的作品看作是世俗、異類。要完全實現真理、具有權威是一個無窮無盡的過程，而我們人類也是這個過程中的一個部分。由於耶穌已經解開了猶太教傳統主義的枷鎖，並從永恆的秩序中釋放出來，因此這個絕妙的時代已經拉起了精神文明的橫幅。

　　要知道處在高峰的權威並且感知其更加重要的連繫，人們必須能夠理解偉大的精神文明的改革進程並意識到自己就是過去歷史的產物。事物在同一時間既是新的，也是老的。要想與宇宙潮流一同前進，我們必須意識到永恆的存在並且對此做出回應。真正的權威是對內在神聖的一種肯定。如果禁止了自由表達，並將表達限制在固定的教條主義形式無異於削弱了其權威性，剝奪了其生命力。

　　那些貫穿於聖經全文的真理是完全正確的，並非是其措辭方式。我們只有一種方式可以放棄我們的特權，而這對於那些精神人物而言是一種甜美的稱讚。他們不僅根據他們的形象去打造我們，而且將我們變成權威的一部分。更高級的自我充滿了權威，高於理論和教條主義，因為自我徘徊在智力的層面。真正的權威是反覆無常，漂浮不定的，真正的自由是沒有憑證的，也並非是雜亂無序。政府的最終或者是完美的形式並不是取決於那些外在的法律體系，國民體系或者

是宗教體系，而是取決於那些生動地描寫靈魂點點滴滴的作品。而最終的結果是對高尚權威屈服的意義與自由自在表達的意義是不分伯仲的。所有客觀壓力都可以就此放鬆了而人類也可以根據神的形象和喜好塑造了自己了。

第十二章

拯救

　　聖經包羅萬象的主題和意旨都還不過是想要拯救人類。實際上不僅僅是基督教，所有其他宗教體系都聲稱他們存在的意義就是為了拯救人類的靈魂。人們普遍具有一種處於相對條件的想法，一種是善良的，有建設性的，並且是和諧的，另外一種卻是完全相反的。由此而構成了生命和命運的雙重性。即便是一元論這種教條，無論是在古代還是在現代的哲學形式中，都有著其積極的和消極的意義，並且具有鮮明的對比性。人類選擇的權利以及人類選擇而導致的結果組成了宗教，道德，在很大程度上是哲學的爭論焦點。即便是那些被當作是準確的真理的純科學的也會理所當然地認為拯救其實是在尋求與自然環境的和諧共存。

　　「我該做些什麼才能被拯救呢？」一直是每個時代的人類的呼聲。答案是通用的。其永恆的意義將其永遠督促其站在時代的前沿。這不僅表現在最終人類命運的問題上，而且還表現在千千萬萬種次級的表現形式中。人類不僅渴望得到最終的拯救，而且他們想要每天都能被拯救。

　　被拯救這個流行的觀念，在古代並不必現代少，其實是想逃避懲罰，或者說是避免懲罰。而這最多只不過是消極的一面。拯救靈魂，不僅僅意味著擺脫罪惡和錯誤的束縛，而且還包含著保持積極的心態，發揚善良的品格。

　　作為聖經文學性的一種產物，獎罰的理論一直是反覆不

定的，也是不符合自然法則。而在現在，由於缺乏對未來美好願景的信念，一種正式的定罪，一個當地語系化的天堂和地獄，整個主題都失去了應有的嚴肅性，也被輕視了。幾個世紀之前，當這些理論被無法質疑的權威強加時，社會被明顯地劃分成兩個派別：被拯救的和迷失的。隨著時代的不斷發展，人類不斷進化，拯救的觀念不斷盛行，而正統人士也未對此作出反對，人們的反響很好。一種極端的緊跟著另一種極端。但前面對「確認」訴求和選擇的焦慮的懇求已經被一種無知冷漠和只能是積極的判決的感覺超越了。肩負重任的觀念被唾棄，前面所使用的形容詞被當作是報復，常常喚起的不是嘲笑就是諷刺。所傳授和實施的獎勵和懲罰被置之不理，其意義未曾被實現，也未曾被重視。而那些被丟棄的教條主義，即使在文字上是不正確的，也隱含著某些令人吃驚的法則和真理。那些看起來是文字化的，對於內在意識而言是客觀的轉變深化了其內涵。

那些沒有相應心理學法則和原則支持的理論從根本上說是不完整的。現代潛意識的理論可以有助於解釋過去多變的教條。潛意識是意識的一般認知層面下的，需要經過一生的累積。一天接著一天，人們每天都在創造著自己的紀錄，給出自己的判斷，關注著某個特定的道德品格條件。在偉大的甦醒意識之光的照耀下，人類將會被指引到宗教法庭進行面

對面的審訊，人們也會不斷尋求真相的曝光，完整的曝光。天堂的產物和地獄的產物都被銘記在心裡和科學裡。當潛意識出現在我們面前，我們在一生中都會有那麼一次經歷，可以為將來的判決帶來些許啟示。難得一見的是，被一個曾經受溺而甦醒過來的人告知，內心的窗簾是可以拉開的。我們內心的意識就可以快速地瀏覽我們一生的思想、作為。這種現象雖然罕見，卻意義非凡，這證明了我們並不能忘記想像或者是智力印象，僅是暫時看不見而已。《心靈啟示錄》中的戲劇化的有趣的象徵都可以在不為人類所認知的潛意識領域中找到對應物和解釋。《心靈啟示錄》描繪了一審的判決，偉大的白色的王座，聚集了各個部落和種族的偉大盛會，聖經的開始，天使的聲音，金色的大街和寶貴的石頭，深淵，以及從深淵冒出的煙以及想像的寶礦。無疑現在的我們無法找到是誰寫出了這本《心靈啟示錄》，這本書居然驚人地描述了上述所提及的幾個例子的自然本質。但他們是有意義的，唯一的解答只能從人類靈魂的深處找到。

根據這些揭露人類內心微觀世界的原則，簡單的思考中居然能包含這麼一種責任！每一種心智形象就像是照片的底片，燒錄著那些永恆存在的物質印記，而非只是紙張，石頭，或者是鋼鐵的。創造每天都在進行著，創造的產品將會永遠存在，持續發展。以往從未有想法能如此輕易地被當作

是一種思想，這種思想認為每個意志力都在創造著歷史。那些人類曾經認為是「無用的字句」，當被解釋時，卻是一個心理學真理。判斷力再次為人類所認知，十分貼切，並不斷地持續發展著，一種偉大的正式的聚會，角色多變，定位在遙遠的未來，在宇宙中某個未知的角落。即使仍未被人類所意識到，但是每個人，或者說每個人心中的神聖的因數都呈現在一場無休止的判決。綿羊被趕至右邊，而山羊則在左邊。每個人都在不斷地關注著他們的重點。當我們摒棄物質的限制的時候，我們應該像一艘船那樣出示載貨單，清楚地告知貨物的組成。

自從莊夢德教授，一位現代理論學家的先鋒代表就給予世界他的「精神世界」的自然法則，宗教的發展就開始變得迅速起來了。那種把他當作是變化無常的東方神聖的觀念逐漸變得模糊。精神領域在人的內心裡，而這也是上帝傳達意願命運，呈現有序美麗的經濟環境的地方所在。任何只會有購買計畫或者是隨意罔顧因果關係的計畫，很明顯都是有違理性和正義的。上帝的原始計畫就這樣被出乎意料地打敗了嗎？儘管現代人已經不斷地更新觀念，但是這麼一個「拯救計畫」具有等身的教義。

但是從心理學和進化論觀點看來，我們必須向歷史傳統做出一定的讓步，給予必須的時間和地點以便向更高層次進

化。這是必須經歷的，而我們也會因此獲得消極的意義，自製力以及教育性的善意。我們並沒有完成，因為萬事萬物都在不斷地演變著。「判決之日」永遠不會開始，也永遠不會結束。每一個原則、觀點、信念和理論都在經受著考驗、測試或者是予以判定。這個情景在感覺上或許並沒有散文。文體那麼易於接受，像詩歌和多彩的帆布那樣頗具戲劇化，但這的確飽含著深邃的真理。那些中世界的老師傅們的藝術所描繪的現實主義和主義文學以及彌爾頓文學所創造的深刻的印象都巧妙地描繪了一個時代的人文思想，嚴謹而又強烈地。這麼一種判斷現在已經失去了公信力，但仍然具有含義，並且在進化過程中，組成了一個在我們到達一個更高層領域更加聖潔的理想境界前的必經之地。上帝的障礙設置在人的內心。「而上帝的王國也在你的心間。」

那我們怎樣才能被拯救呢？從哪裡在拯救？從一種低級的錯誤的意識裡？從我們身處的亞當的理念裡？從對條件的依賴，限制的束縛以及否定的影響的拯救中？從罪惡及其力量的心智圖像中？從反抗、劣勢、疾病和逆境的信念中？從自私、仇恨、內疚和恐懼中？從悲觀主義和物質主義中？這些都是思維情緒的產物，稍有不慎，可能會導致令人毛骨悚然的情況。不可更改的神的計畫已經取代了人的內心的判決、裁判以及劊子手。在上帝的整個宇宙中，沒有事能從外

界帶來任何的傷害。人類靈魂中的上帝之聲雖然微弱，卻是的的確確地存在的，其教學方式是與眾不同的，仔細傾聽，能夠發現自我的存在。

　　由於那些本質是善意的事情是不可能被破壞的，那麼人類可以失去對其無關緊要的東西。當一個人建立起一種意識，或者創造出一個想像的世界，在這個世界裡他們可以將自我與那些不真實的容易腐壞的東西連繫起來（如「木頭，乾草和殘株，他就會丟失貌似是真的實際卻是未必存在的靈魂。人類透過某種連繫將這些東西加進個性當中，而當這些東西不見了，他也無法清楚地認識到自己。內在自我是從火裡經過而被拯救的，但是他透過他所熟知的環境裡所塑造的自我就會迷失。他並沒有將深深的個性帶入到意識中去。在很長的一段時期裡，或者說是直到發現新的意識之前，其都是處於一種衰退的境地的。他已經在否定的沙堆上組建了一個模型，然後被摧毀了。這麼一種判斷性的原則看起來很嚴重很苛刻嗎？如果我們能夠真正地認清其本質，或許這會很嚴重，發展進程也會遭遇倒退，而其教育的意義會更加地清晰。然後迷失的靈魂會從歧路上返回，帶著這個沉重的代價重新走向通往天父的道路。上帝是仁慈的，並不會隨意對人類施加懲罰。人類自行判斷並有了一個重大的發現，原來報復心理深深地扎根於其本質。某些重要時候實施的懲罰與專

制、報復以及之前無法無紀的教條主義是有著根本的區別的，生命是完整的，但是總會遇到失明、跛足、聾啞又或者是因為無知和大意而導致自作自受的事情。但是不管怎麼樣，不如意的事情總是會過去的。

塑造性格的東西是需要測試的，也是會融化消失的，但是純淨的金屬將不會被消耗或者是傷害。我們現在常常引用的聖經警句其實是與這些結論是相一致的。實際上這些格言告誡我們，如果我們漠視心靈法則，那麼失去靈魂的我們會變得赤身裸體的，一無所有，直到感覺意識深深地在我們周圍扎根穩定下來。現在是可能去打造一種真實的環境的。運用這些法則我們就再也不用繼續做以卵擊石這些徒勞無功的反抗了。不僅僅如此，我們還能獲得超自然能量的支持和幫助因為救贖是正常的。我們人類的組成是與宇宙的組成互相合適的。

現代這個時代最突出的特點是智力的活動和發展。這不是救世主，只是這種觀念普遍盛行，融入到這個世界的洪流中，我們會發現即便是宗教也會使指引到那個層面。這被看作是一種信念的體系，或者說是對已經透過的聲明的一種讚賞。但是比那個更加廣闊的是，拯救是揭示人類高級部分的過程，甚至是揭露人類真我的過程。即使是神學宗教體系在一般意義上也是居於次要的位置。完整的拯救包括神聖自我

從潛意識轉化為自我認知，再到表現的過程。完整的拯救不僅僅是包括相信耶穌的存在，或者是接納耶穌的價值體系，還必須包括基督心智的本質和外在的一般發展。當這一切已經透過耶穌的個性充分地表現出來，那麼就不會知道限制，本土化和歷史化了。

　　一個在智力上是巨人的人，在精神心靈方面卻有可能是一個弱者。他所要求的「拯救」超過看起來比他還低級的無知的兄弟。「因為這個世界的智慧對於上帝而言是愚蠢的。」那些偶像化的事情，或者是代表著權力的東西其實都是一種曲解。比例是正常的，本身也是好的，但是它的反面卻將其轉化成惡魔。每個人都需要從次於道德精神領域的層面中拯救出來。商人需要從他的生意中拯救出來，律師需要從法律中拯救出來，資本家也需要從其資本中拯救出來。即使是科學家，自然學家或者是哲學家都不能將自己束縛於自身的職業領域中。靈魂也不能扎根於那些不能永恆的事物中。將一個人的理論、哲學理念、信念、神學觀點甚至是宗教通往高級層面是遠遠不夠的，他必須自己走向高級層面。完整的拯救包括精神自我意識的進化和無法泯滅的物質靈魂結構的建立。自我必須形成永恆的有活力的有機體。

　　在「判決日」那天，先前理論中傳給「左手」的事情是由否定組成的，缺乏現實的神聖的基礎。這代表著一種客觀

的罪惡的虛無。而這也是我們主觀想像出來的表象和妖怪以及其他的胡思亂想的教育背景，而到最後我們卻往往發現這些都只不過是稻草人而已。正因為黑暗的存在，我們才能透過對比，有效地發現光芒，欣賞珍惜光芒的存在。

我們或許會從此歡迎「判決日」的到來，當我們需要淨化的時候，伴隨著痛苦的報復也會到來。基本原理的相關知識能夠有效地避免錯誤。當我們相信結果和目的是好的時候，我們也就能夠忍受火熱熔爐的灼燒和痛苦了。因此，我們最終還是能夠發現慈愛的上帝是超越一切的，至高無上的。

第十三章

歷史，聖經和翻譯

　　詳盡或是有技巧地學習研究《聖經新約》和《聖經舊約》不是此書的目的，也不在這本書所談及的內容裡。這項工作已經由訓練有素的專家們完成了，並且需要一些並不常見的器材協助完成。那些想要了解有關聖經製作的真相的詢問者必須尊重權威，慎重的評估證據和可行性。真實的歷史的和官方的證據對於強烈需要了解真相的人而言，是不足夠的，從精神價值出發，內部的證據至今為止是最為重要的。推斷有限的研究是從學者派與保守的被廣泛承認的權威派間的對比中編輯而來的。他們雖然是虔誠的，但在品行上的提倡卻是富有建設性的。評論和技術性的調查研究中說明古代猶太民族的傳統常常是不可靠的，而偏見也是必不可少的。

　　摩西聖經，或者說是《聖經舊約》的最開始的五本書很長一段時間裡，人們都認為這些作品的作者是摩西，但現在人們普遍認為這是一部由集體智慧創作的作品，在後期製作而成的變換著文學風格和構造，基調和主旨，零散的時代內涵，摩西之死的解釋說明，以及其他種種原因都讓上述結論是有依據的並符合邏輯的，即使並不完全是積極的。《約書亞書》與《摩西聖經》有著密切的連繫，在一般角色上也是《摩西五經》的一種延續。

　　《聖經舊約》的各種書籍的出現次序並未指明其出版的年代時間。廣大地描寫了靈魂進化的過程的章節是《約伯

書》，這部作品被認為是《聖經舊約》中最古老的作品。《士師記》敘述了以色列的士師的故事，由各位無名的作者編寫而成。希伯來先知薩姆爾的兩本作品中記錄的歷史被認為是屬於大衛法庭的某個作家所做的。第一個和第二個君王以及《歷代記》都有證據顯示這些作品只是由一些無名的集體編寫而成的。以斯拉記和尼希米記詳細地記錄著有名的先知們的生活和工作，這部作品很明顯是寫於回歸之後，並被當作是官方排名的某些猶太民族史學家所編寫的。詩歌收集的章節被稱為《詩經》宗教歌曲的一本國民的書籍，有證據顯示除了大衛之外，還有別的作家共同創造了這部作品。有智慧的格言被稱為「諺語警句」，這是所羅門時代後的稱呼，而這本作品很有可能是不同作家的共同作品，這些作家或許是生活在他之前的年代或者是在他之後的年代。《聖經舊約》中存留下來的作品是古代以色列宗教作品中重要的一部分，我們並不確定這部作品的作者是誰，相應的出版時間是什麼。幸好的是，這些書記錄了接近於歷史真相的事件。而最新、最謹慎的評論相對確認了《聖經舊約》的三十九本書中的十四個作者。

　　作者和古代以色列的文人主要都是一些彙編者和抄寫員。這個國家的作品，不管是宗教、政治還是歷史，都是大家的共同財產。當時並沒有版權法或者是文學著作權的習

慣。那些被感動或者是鼓勵的個人會將其話語編寫入有關作品。作品的價值是在於作品本身的而不是取決於作者的名聲的。

至於《聖經新約》的作者，是有更為確定的。那四個福音傳道者無疑就是篡改和編輯福音書的作者。盧克也是行為法的作者。那些書信或者是使徒書，除了猶太民族的書信外，都是有標明作者名稱的。只是聖經的讀者們只是汲取聖經的精神內涵和鼓舞人心的精神，很少會關注其作者。由於聖經的力量比那些文字和作者隱藏得更深，所以真理的真誠追求者很少會關注傳統的或者之前的設想是否被擾亂甚至被推翻。每個作者，不管他們的名字或者是官方立場如何，都是精神資訊傳達的唯一通道。「那些有耳朵可以聆聽的人就讓他們去聆聽吧！」不管誰是代言人，都是精神才能為教堂發言。那些福音經由人類評說員修改潤飾後變得更加適合於不同階層在各式各樣的場合中理解運用。可以看出，即使我們還是匆匆地流覽了構成聖經基礎的手稿的歷史，都已經足以驅散「不正確的」的想法，緩解信中設計的思鄉之情了。

我們並沒有理由可以認為福音書的傳道者是在無意地透露耶穌的話。最近的一項調查表明，直到記錄的事件發生後的三十五年至四十年間，福音書最早的作品才出現。超越想像的語言的準確和一般傳統都是不合時宜的。在耶穌的管理

時代後使徒書編著之前五十年已經過去了。同時，有關耶穌一生的意義和意圖的理論已經變得很平常了，並且為世人廣泛接受。由此，我們可以很明顯地知道，完美無瑕的教條主義以及那些作品的鼓勵和聖經的其他部分，都是不可能、不合理的。聖經修訂本在翻譯時，對於很多段落進行修改並附有正確的解釋，同時也需要針對「完美無缺」的理論作出總結和解釋。如果《聖經》書信中的完美無缺的理論放之四海而皆準的話，那麼這個理論在原始的手稿中就應該是存在的，因為這是來自於他們的作者之手。而且即使大家都承認這些作品是那些職員一字一句聽寫回來的，但是長期以來，這些作品一直在廣為傳播，也曾今被丟失過，無從發現，書中記錄的聚會也是支離破碎的，無法確定的。現在人類開始努力發動大量學者，尋找聖經資訊目的和聖經廣為流行的條件和動力。一個重要的事實是，這些人都擁有精神真理，也具備了這個世界極度需要的知識。表面的措辭就像是包含著果實的外殼。透過細節去識別合情合理的真實性。

在古代，每部作品都可以被稱之為聖經。我們有理由相信，在十五世紀，克里索斯托首次採用了希臘聖經的用法，正如應用在其他猶太民族宗教作品中的那樣，從此，東方的教室也開始採用這種方法。書籍通常是被卷成一卷一卷的，文字被刻在羊皮卷上或者是一種用永生植物製作而成的紙莎

草上。每一本手抄本都是由一個職員或者寫字員製作而成。
在被定為是《聖經新約》的作品後，並且在收入聖經作品
之前，這些作品被稱為「法則和先知」，或者是「神的雕
塑」。那些寫在紙莎草上的作品的生命力十分有限。《聖經舊
約》中的作品在長達一千二百年的時間裡都是零散地分布於
世界各地，直到基督時代開始前的一個世紀才被世人用現在
的形式再次將其收集編錄。聖經的早期手稿無一倖存，只有
那些支離破碎的章節的手抄本散布在世界各地，保存得毫無
條理。現存的最古老的《聖經新約》的手稿製作是在手稿原
創者的數百年之後。只有透過細心地對比僅存的手稿，我們
才能大致地估算出原稿的順序。《聖經舊約》大約有兩千份
手稿留存至今，但是沒有一份可以早於西元一千年以前。對
這些手稿的最仔細的檢測顯示在這十五萬篇文章中的變化，
即使這些不相同都不重要。對聖經中書信的迷信崇拜無形中
幫助了這些作品的留存。有資料指出，這些作品採用現在的
形式之前，其他的版本展現了一些不同，只不過這些不同之
處無法從現有的手稿中追尋究竟。組成《聖經新約》的作
品並沒有如此系統化地由專業寫字員製作的複本。儘管其
比「法則與無知」出版得要更加晚，但變化也是多得數不勝
數的。現在保存下來的部分《聖經新約》的保存年限超過了
一千五百年，可追溯自四至六世紀前，其中的變化是很重要

的，而原創作者的簽名也被後人一遍又一遍地複寫。這些作品普遍是希臘文的，儘管有時候會伴有一些拉丁文的翻譯。除了之前提及的一般手稿，很早之前就有人將其翻譯成其他國家語言流通到那些不說希臘文或者是猶太語言的國家。透過認真地對比分析，他們可以有效地發現不同之處並且做出更正和修改。

　　來自古代拉丁國家的聖經版本被稱作是拉丁文聖經，這部作品是由傑羅姆在西元三八二年根據教宗達瑪穌的命令所編纂的。在十六世紀，基督新教和羅馬的天主教選擇了不同版本的聖經。在經歷了一番激勵的爭論後，路德教會組織解決解決了現如今新教徒持有的純聖經理論和教規的問題。這同樣適用於瑞士或者改革後的組織，因為這些，借助西敏信條，我們才能有幸拜讀宗教經典。西元一五四五年，羅馬天主教堂在特倫特的國會中，宣布採用聖經舊約偽經作為聖經舊約中教規的整合的一部分。在一五八二年，英國天主教會在法國東北部城市蘭斯出版了《聖經新約》，一六零九年在法國杜威出版了《聖經舊約》。在後續著作出版之前，標準的文本正文已經被羅馬教廷修改並做出了聲明。從那時候開始，天主教堂的學者也進行了個人的修改，但是由於這些問題已經得到了官方的解決，所以他們也沒有得到肯定承認。

　　這部福音書作品中有關耶穌的直接歷史並不像在他早期

職業生涯結束之時所湧現的有關他的印象、傳統和理想那麼多。他並沒有留下手稿，而且至今為止，他所說的話並沒有被複寫或者是頒布。他的信徒們也沒有為保留他的物品做過任何努力，因為他們期待他能夠再次出現，樹立權威，建立國家王權。最後這些紀錄會再次重新製作，傳統會被啟動，顯而易見的是，那些變化，而不是某種不變的說明會再次出現。每一種記憶，即使是針對同一事件，也會有不同的著重點和顏色。但是所有人的一般理想人物基本都是指基督。當最後暫時的理想模範讓位於一個更加具有思想道德的領導人的時候，他的任務會變得更為清晰。同樣，這個之後也被宗教教條主義和教規所混淆。

　　從某種奇蹟的意義上說來，聖經是來自於天堂，已經具備完整的形式。這一種觀點滿足了人類的想像，儘管其歷史是未知的，也是在不斷累積增加的。伴有迷信氣息的奇蹟圍繞在聖經周圍，並隨著時間和空間的增加變得更加得神祕莫測。聖經不斷地採用神殿和聖人的形象，從無人懷疑。在以斯拉的時代過後，作家和聖經經濟的專業著作者透過自然競爭原則複製或者刪除聖經的某些內容。這裡並沒有什麼技術測試或者準確的標準，但是《聖經舊約》的問題可以透過人類的精神意識自行解決。在耶穌出現之時，約瑟夫和猶太民族的權威人物被認為是與那些宗教作品一樣神聖。但是，

正如之前指出的那樣，其他可疑的書籍被定位於僅次於這些模範人物，隨後常常被這些人劃分等級，或者讓他們感到疑惑。

這些最終被選定的書籍被認為是權威性的著作，剩下的就不是權威的著作了。權威性意味著經過考量並得到讚揚。經過教堂和國會裁定的宗教教規，都可以變成是權威的，規範的。在充足階段，新教教堂將權威性從教堂轉移到聖經上，榮譽和區別從此定格了。但也是從那個時候開始，偽聖經或者那些不是權威性的著作一直被引用成是聖經的附屬物。人們常常會引用《聖經舊約》中的內容說明其他的教條教規。

《聖經新約》的教規和《聖經舊約》的一樣，都只不過是在闡述物競天擇，適者生存的自然法則。這是一個無意識的不斷塑造的過程，是基於內在重要性而非外在的權威性。議會的投票只不過是確認一般教規的一種正式的方式而已。

耶穌認為這並不是一種道德或者是宗教的符號，而是一部實實在在的福音書，不是在記錄著語言，而是人性中的神聖性。從回憶到榮譽，他的門徒時不時地記錄下耶穌在三年管理中所說的話，所做過的事情以作保存。幾乎是同一時間，保羅寫信給教堂，列舉出耶穌所說過的實際可行的應用和操作，讓人們銘記於心中，並讓越來越多的基督教徒，猶

太教徒和異教徒們意識到這一切。雖然都是在描述同一經歷，但是四本福音書在基調和立足點上都是不相同的以至於他們能完整地披露各個作者的不同性情。

除了保羅的書信外，其他門徒和導師也寫出了他們對耶穌的生命和話語的理解。因此《聖經新約》中這些分離的和支離破碎的部分最後終於修成正果，並在合適的時候變得權威化了。只是這個過程十分漫長且緩慢，而且還伴隨著一系列的考驗與爭議。在臨近第四世紀末的時候，迦太基的國會正式透過了西方教堂的教規，大量地沿用在現行的次序和形式中。只是這裡仍然存有道德疑問，尤其是關於猶太民族，第二個彼得和詹姆斯的，這種不確定性即是在宗教改革的時候依然存在，並被路德和喀爾文所分享。羅馬天主教堂一直以來都是在權威性上把聖經看作是次要的，認為這只不過是一本需要官方翻譯和解釋的書籍而已。羅馬教堂的體制裡既得的尊尚裡，一般人員是被限制不能直接查看這部作品的。個人判斷的權利是不被認可的，權利由祭司直接掌控著。

首次將聖經翻譯成英語方言並用詩歌形式表達出來的努力是凱德蒙在十七世紀做出的。這並不是一種翻譯。在那天，他用完整的語言講述著一個連續的故事。不久之後，彼得在翻譯方面做出了努力，他最終也被稱作是「傑羅的僧侶」。他用當時的英語來完成時態表述聖約翰的福音書，其

教學方法在早期英語文學中是一個偉大的進步。但是盎格魯撒克遜人開始的時候幾乎被諾曼征服英格蘭的戰爭阻塞著。一種新式的語言在慢慢地形成，但是直到十四世紀這才得到廣泛的應用，很多時候都是透過英國作家喬叟和其作品坎特伯雷故事集。幾乎是在這個時候，威克裡夫計畫要出版一本英文版的聖經，因為普遍群眾都很需要這麼一部作品。他曾被大主教召喚到羅馬教皇的法庭前，但是最後，看在他是忠誠的人的份上，雖然他違反了祭司制度，他還能出版了所需要的英文版的聖經。在他的那些貧窮的教徒的協助下，他們手工製作了需要耗費大量人力物力的複製本，至今超過了一百本的第一版的一本仍然保留在世。他在世的時候受到了殘酷的處罰，而在他死後將近半個世紀的時候，教堂頒布法令將他的屍體挖出來焚燒，並將其灰燼撒在他曾經住過的教條河流上。接踵而來的處決，讓閱讀英文版聖經或者是擁有一本英文版聖經變成了是一種犯罪行為。這些冒犯造成了成百上千個折磨致死的案件。在另一個引入列印技術的世紀裡，人們越來越有能力在進行閱讀。另一位因翻譯聖經而犧牲的烈士是威廉姆廷代爾，牛津大學的一名學生，他將《聖經新約》從希臘文翻譯成英文。在判刑幾年後，他被勒死並在一五三六年處以火刑。同時，雖然只是透過走私和私密擁有，聖經的複本成倍地增長。在廷代爾死後不久，科弗代爾

出版了第一本完整版的聖經的英文版本。其他以廷代爾為基礎的版本也不斷地湧現出來。不久以後，日內瓦出現了列印版，這也是第一次對聖經做出段落和章節的劃分。直到十六世紀末期，聖經才在英國受到皇室的歡迎並允許在民間流行，刑罰才得以停止。

十七世紀早期，在皇室的幫助下，一個新的授權的版本誕生了。詹姆斯國王任命了一群優秀的學者，讓他們認真對待，動用了大量的勞力，最終在適當的時候完成了這項工作。在一六一一年，詹姆斯國王出版的聖經版本一直很出名，並被當作是新教的標準版本，一直沿用至今。

在十九世紀末期，由於現代的英語變化迅速，不僅在術語上，而且在含義上都有了變化，因此英國和美國都強烈地需要一個新的聖經版本以適應新的語言要求。之前的版本一直保留著不少陳舊的不合時宜的詞句。伴隨有成百上千的附注和大量的學術詞語以至於人們強烈需要一個更為準確，能更好適應現代需求的聖經版本，而不再是那個從詹姆斯國王時代流傳下來的歷史悠久的版本。

在一八七零年，透過英國和美國兩國的優秀的學者的共同努力下，進行了長達十五年的細緻研究和學習、大概回顧，終於完成新的修訂版本，並在兩國引進。至於準確的表達方式，一堆不同的觀點，大部分都是不重要的，在英國和

美國的民眾中流傳開來，但被英國所喜愛的文章為了方便，採用了變數的邊際參考。但是在一九零一年，由湯瑪斯納爾遜和紐約的子弟們出版了另外一個版本，這個版本全文都採用了美國翻譯家所喜愛的形式，這被稱為是美國的標準版本。一直有人認為，聖經若是只有依靠其本身的價值，是不能成為獨一無二的《聖經》，同時也需要某種程度的官方解釋。聖經的注釋和評論成倍地增加，神學家們一直祈求透過超自然的力量來穩定耶和華的約櫃。但是其內在的本質的精神和力量應該足夠清楚地表現其神聖的特徵。其偉大的效用並不在於其規則、教條或者是不應該做的事情中，而在於其有能力喚醒人類的精神意識。在所有聖經文章的所有突變基因中，在試圖將其改善成能夠適應不斷變化的語義中，沒有人需要錯誤地輸入內在的精神。這些寶貴的精神特質就像是一根未知的金線，貫穿於《聖經》的頭尾。

第十四章

信念和未知的

　　在聖經中，沒有原則能比保存信念的力量更為突出。世界處處都閃現了人類的智慧以及宗教生活的動力。「依靠他們的信念實現夢想。」是一句經常被耶穌引用的話語，在文字上或者是在口頭上，這或許會被當作是精神上的公理。儘管是被耶穌所引用，或許更為突出的是描述有關疾病治癒的事情，其更為廣泛的應用隨處可見。信念是所有進步的源頭，只有擁有信念，我們才能滿懷熱情去生活。信念是所有快樂、行動和希望的源頭，並且被應用在未知的真理中。對上帝的信念，對上帝的無窮智慧和原則的信念是推動世界發展的偉大動力。這與人類成長以及人類靈魂提升的關係是十分緊密地連繫在一起的。正如太陽對於自然界而言是有多麼重要一樣。如果世界被懷疑和不信任干預，那麼寒冷將會取代溫暖，生命之光也會消逝。就像是被雪霜覆蓋著的大地，萬物凋零蕭條。

　　用現代術語清楚地表達信念及其作用並不是一件容易的事。不幸的是，對於很多人來說，聖經中的語言變得越來越正式和晦澀，難以理解，因此對於現如今的生活的適應性也有所下降。這看起來與我們的日常生活是那麼得遙遠以至於我們需要新的翻譯版本將其與人類的感受連繫更加密切。作為一種真實的力量，由一種準確的原則所驅使，這既是科學的也可以培養和教育的。當神的秩序是真相被遮蓋的時

候，意識到精神世界中的自然法則的存在是當今時代的榮耀。信念不僅僅是期待，或者是希望，而是存在的現實。聖經中那些傑出人物的最大的特點就是他們總是滿懷希望，從不失去任何潛能。閃亮的意願是作用在人類內心的神聖的力量。信念把握著無窮無盡的力量，沒有事情可以阻擋信念的威力。「上帝說，如果你擁有一堆芥末的種子，你對這些種子說，快快生根發芽，你將來會被種在海裡。那麼這些種子都會聽命於你的。」（《路加福音》第十七章，第六節）這些耶穌的話語是東方誇張的比喻的一個典型的例子，其典型的意義不可能這麼強烈的。他們用誇張的手法描述了力量。

　　但是沒有其他基本原則能夠像信念一樣被現代的和傳統的想法清楚地定義。不管是抽象地理解，還是實際地應用，沒有其他靈魂的品格可以像信念這樣無法被輕易地理解應用。信念被普遍看作是一種不合理的盲從，或者是對某種遙遠的事物的薄弱的希望。大家都認為信念或許只適用於遙遠的聖經時代，在科學時代卻是毫無用處的。作為一個常見的術語，人們已經很少會引用了，「哲學式的理想主義」暗示著很多被認為是與這個時代的精神一致的內涵。對「科學的方法」的現象反映了我們應該擴大其應用的領域，以至於信念的作用不僅是只限制於知識和感覺領域。我們有責任像研究化學和物理那樣條理地研究人類靈魂深處的問題。心理

學，主觀活動，意識和精神進化論都有著其內在的法則。我們若能有效地學習這些內容的法則，或許能夠發現他們之間的關聯性。

作為未知領域中的主導力量，信念呈現出難以捉摸的不真實的狀態。不管信念是什麼，信念都是一種有益無害的熱忱，是反覆無常的，或者說是一種奇怪的品行。信念更加是一種神奇的能量，擁有無窮無盡的資源、神奇的效用和無限的潛能。或許會有人問道：「即使是在毫無外在證物的情況下，怎樣才能擁有比現在更加強大的信念呢？」信念的增加是從內心散發出來的。一個囚犯，即使是在與聖經、書籍或者是社會完全隔離的情況下也能培養信念，增加信念。就算是沒有語言或者是客觀的提示，內心的培養也是足夠的。外來的證據對於靈魂來說或許是有用的，但並不是必不可少的。信念的根源深深地扎根於人類的內心深處。相反，感知的信任取決於觀察或者是在於某個程度的測試。很多旅行者曾經到訪過中國，並告訴我們中國是什麼樣子的以及他們在旅途中的所見所聞，或許我們未曾到訪過中國，但是我們仍然會相信這麼一個國家的存在。在我們現在的日常生活中，我們可以看見各式各樣形式的信念。

精神上的信念是一種成就而非只是一種禮物。每件事都有購買價格，未知的真實性也不例外。積極地相信精神價值

的存在必須是缺乏大量的即時的外在證據或者確認。在現代這麼一種實事求是的氛圍裡，大家或許會不禁地反問自己：「依靠信念做事而非依靠所見所聞」這一信念究竟有多少的可行性？而這正是聖經能夠成為我們現代生活的一塊明鏡的重點所在。

　　人們在《聖經》裡發現的，除了教條主義、神學宗教和一些環境因素之外，還發現了一些神的信念以及無法超越的原則。對於生活的堅定信念是聖潔的靈魂所不可缺少的部分。這在《聖經舊約》的歷史上占據著主要的位置，而在《聖經新約》中，耶穌未曾教授過教條式的宗教神學，只是合理地闡述了熱情對於我們內在心靈修煉的重要性。這組成了他再三強調引用的格言警句的基礎，並且採用了東方國家很多形象的意象比喻。用信念的信念戰勝親眼目睹的一個典型的客觀例子。在聖經裡，信念比教條主義重要正如在太陽系裡，太陽比月亮重要一樣。

　　《聖經》在今時今日是具有無可估量的價值，現代的很多情況也與真理是遙相呼應的。雖然書中很多用詞都未必能適應各個年代的需求，但是靈魂深層的激勵的精神力量卻總是煥發常生的。宗教觀點，學術概念和道德標準來來往往，但靈魂深處的那股神聖的動力仍然不變，不管是在昨天，還是在今天，抑或者是在未來。現代人最缺乏的是愛和信念，

不管是向神的還是向人的。人們都極度需要與「力量之源」直接連繫上。作為一種精神上的平衡輪，神的動力在智慧時代比在任意一個技術發展的時代都更為重要。未經錘煉的知識也因為缺乏主觀能動性而變得頭重腳輕的。用保羅的語言來說，信念是我們的希望索愛，也是能證明那些未知的事情。直到我們看穿了有關事情，證明也就變得無關緊要了。未來並不是希望或者是期待就能到來的，而是要透過實際行動將其轉化成現實的。精神是人生旅程的舵手。精神必然與那些未曾發現的事情有關，與其強度相比，更能將那些可能會發生的事情變成現實。

任何一個對靈魂連續性的層面的全面研究都能夠揭發出直覺的力量其實是比那些只能層面的東西高級的。這並不是對只能層面的東西的一種輕視。實際上這兩者之間常常會相互合作相互交錯。雖然現代科學發展中出現了很多奇蹟，但是現代人因為信仰缺失而出名。精神領域的結論對於那些邏輯家而言或許是愚蠢的。即使是天堂的告示要得到眾人的認可也必須經過試驗和檢測。精神法則和力量一直在逃避我們因為我們一直要求那些並不屬於其領域的證據。分析對於物理和化學而言或許是有用的，但精神價值不可能被剖析研究的。

早期的教會是不成熟的，技術也不專業，但是這裡卻有

著比任何一個時代都要盛行的信念以及其「天工之作」信念對於實際知識而言或許是一種較為低級的發展，但這的確是一種高級的感知，我們能夠從中受益匪淺。內在靈魂的缺失會帶來不可估計的損失。我們可以不斷重複教條，稱讚他們，但這些都不能有助於精神的復興。

一種圓滿的信念不可能是不確定的，因為其清晰度揭發著其自證的可信度。其內在力量將會結成可以看見的祝福因為其根本的能量。對上帝的信念，對靈魂自我的信任，都在創造著一種不能征服的結合。神聖的潛能在人類靈魂中流動著。

耶穌管理統治其門徒期間的唯一的指責，或許可以用一句常用的話來概括：「你們的信念主義太薄弱了！」正如在當今世界，人們更加傾向於依靠視覺來行走。靈魂的必然性，確信性一直是薄弱的，直到內在的心靈泉源被打開。我們智力發展的底層湧流會將我們更加高級的生活凝固癱瘓，而我們一直在培養的信念可以反映出我們曾經做過的溫暖的事情，我們的不斷成長能夠促進信念的培養。為了實現精神價值，我們有必要與這個世界隔離一段時間，直接與上帝連繫交流。神的確信性是偉大的精神力量和榜樣。要想與一種無庸置疑的精神同行，我們必須積極地回應，提供固定的資產等等。

　　我們對任何人的公正的判斷是取決於其目的而非是其所取得的成就。這是榜樣的實際擁有者，即使這依然處於萌芽的狀態。他們是處於潛在階段的，並被信念緊緊地包圍著。正確的精神信念可以幫助他實現心中所想，因為信念能夠把未來的財富轉化成靈魂現有的財產。與一般觀念相反，理想主義家的富裕是真實存在的。美麗不僅是一種抽象的特質，而且是其本身實際擁有的一種財富。上帝不僅是上帝，而且也是人類的上帝。得益於信念所賦予的所有權。保羅廣泛地宣稱「所有的都是你的。」其實是一種實在的真理。如果這麼一種實現看起來是一項不可能的人物，那麼我們如今最重要的就是從現在開始培養我們的信念。相對於物質意識，我們精神的富裕來源於神話般的未來。沒有教條或者是爭論能夠證明其存在和有效性，因為只有心靈才能理解這麼一種神奇的力量。

　　冥想是創造性的，這對於精神的必然性而言是一種有力的附屬物，僅被少數人類所知曉。但是冥想有助於我們重建意識系統。舉個例子。一個人十分地相信，愛是一種高級的特權和義務。他應該愛他的朋友，鄰居，甚至是敵人，但是他卻不能有任何感覺或者是溫暖。這並不是無緣無故地發生的。他想要改善這個情況卻並沒有找到方法。這怎麼樣才能從意識中喚醒，至少能在意識層面變得更加得顯而易見？

冥想能夠讓其在人類面前或者是心中變得更加有活力和生命力。由此產生出了一種強大有效的主觀力量。在合適的時候找到適宜的流通管道。作為次級的創造者，人類或許能由此重塑自我意識。透過不變的法則，他估算出了「山中的模式」。「一個人認為自己是什麼樣的，他就會變成什麼樣的人。」保羅，在尋求成長的道路上，表現出一個心理學家的樣子。他說：「想想這些事情吧！」所提及的事情都是有限的榜樣。人們都會選擇這些榜樣除非人們已經為自己的人生和意識標上了記號，從此成為了自我的一部分。

　　精神領域相對於物質身體領域而言是無形的，但卻出現在我們周圍。「看得見的事物是暫時性的，那些看不見的才是永恆的。」此時此刻，我們最深的最真實的生活是在精神領域範圍內。但是日常的想法幾乎都與感覺到的事情有關。雖然精神、靈魂無處不在，但是我們已經習慣將其轉換到物質層面。超意識領域看起來是遙不可及的，又或者是被歸結到灰暗的將來。我們就像是那些魚和百靈鳥：

　　「魚兒在吶喊：噢，大海在哪裡？當他們穿越粼粼波光，我們聽到了來自古代大海的潮汐聲，我們期待看到天藍色的大海，智者提及無邊無際的大海的時候，啊，誰能告訴我們大海在哪裡呢？」

「在明亮的早晨，百靈鳥飛翔在天空中，他們用陽光般的翅膀平衡著身軀，歡樂地歌唱；他們唱道：我看見光芒，我看到世界上漂亮的事物；但不管飛到哪裡，唱到哪裡，我都能不費吹灰之力找到空氣。」

在感知層面的沸騰的表面，隱藏著真正的生命，也就真正的生命在於上帝心中。精神是偉大的現實。我們能夠看到的堅實的，經久不衰的環境對比於組成其基礎的微量元素而言其實是一個庇護所。這種有序的力量能組建成一種形式並且用可見的有機體發展成熟，而那些未曾體現在表面的偉大的河流源源不斷地流動著。這種客觀的穩固的是這個偉大宇宙的一個無限的部分。我們無法可以再次找到那些能夠被重要力量所塑造的塵埃。

哦，天哪！這個世界是如何被這些可見的限制所欺騙、制約的呢！人類的傳統、組織和活動都被物質主義和悲觀主義所牽絆，變得麻木不仁了。傳統把我們拴在了數不清的柱上，我們也為了生計奔波得疲憊不堪。但是很多次在某些特定的場合我們都能靈光一閃，發現超能力的存在。聖經在提及精神理念的甦醒時將其看作是「開眼」。失明和無知是常見的。當聖保羅第一次體現到精神文明的閃現後，我們可以讀到：「有一種類似於鱗屑的東西從他的眼中掉了下來，而

他也由此可以看見事物了。」不是真的鱗屑，而是類似鱗屑的東西。這和東方傳說令人是多麼深刻啊！

　　上帝是一個精靈，而不僅是我們曾經錯誤地認為這是一種精神。如果說人類是根據上帝的樣子和喜好被創造出來的，那麼人類也是一種精靈。我們可看見的肉身只是人類的工具，但這並不是人類本身。我們的靈魂在上帝無處不在的靈氣中常暢遊呼吸。人類實質的活動發生在人類內在本質的高級的過程。在神和人類之間存在著一種微妙卻很平常的親密關係。人類在外界四處尋找上帝的蹤跡，卻徒勞地忽略了他們意識深層的靈魂走廊。神聖的生命、愛、美麗和善良都是透過認知和活躍他們本身的同等本質而為人類所知道的。當人類像上帝那樣思考，並且進入一種神聖的連繫，他也能不斷地獲得精神力量和特權。我們需要不斷地連繫，回顧感知的測試。很多時候我們透過各樣表象所獲得的印象都是帶有欺騙性的。太陽以及其他天體的活動看起來是那麼得井然有序，而當我們望出窗外，大地上的景色似乎都在飛逝而去。遠處的物體不斷地向我們靠近，我們也不斷地利用深層的做出相應的改善和修改。現代科學將物質轉化成能量或者是太空的漩渦。人類的生命不在於事物或者物質，而在於理念、原則、真理、愛和其他精神特質。缺乏信念會讓人類誤以為「他僅僅靠麵包就可以生活。」

　　我們並不建議在這種關係上討論那些不可見的，抽象的事情，而應該更加關注實際的產出以及信念的效用。信念讓我們更好地生活。對於那些毫無信念的人來說，精神境界只不過是一個虛無的領域。帶有堅定信念的人會充滿力量，真實的或者是潛在的。能否定我們所見的是那些確實存在的事物。我們的常識或許會被改變，而那些物質化的東西也可以變得相對沒有那麼物質化。「信念拯救」並不是說僅憑教條、慣例，三十九條信綱，期待或者是置換就可以完成的，而是需要所有宗教中的深刻的真理的支撐。在回顧聖保羅的「用信念辯護」的觀念時，詹姆斯‧佛里羅‧克拉克博士說道：因此在每一個時代每一個國度，人類都在致力於掌控比自己更為高級的超能力，超人，和那些永恆不變的力量。在這片波濤洶湧的時間海，他們拋下錨，希望能捕捉到能穩住他們的堅實的東西。他們發現了聖典，堅持做聖禮，做了一段時間後遇到一場暴風雨，然後放棄了。然後他們抓住了一個聖人，緊緊地抓住了他；抓住了一個令人鼓舞的先知和信徒；緊緊地抓住他們。但這些最後還是消逝了。他們最終抓住了一塊岩石，這是所有信念所在的基石，然後他們掌握了所有無限的自我，從此緊緊地掌控著，直到永遠。

　　所有宗教最重要的基礎就是確保人類能夠與聖靈保持連繫。祭祀、教義甚至是贖罪都不應當介入上帝和靈魂之間。

即使他們之間存在有真理和善意，都只不過是路上的偶然事件而已。信念並非是偶然的，而是一股重要的優化力量。目標並不會隨意介入，所介入的事物只不過是為了提供休息的場所而已。

　　歷史上的宗教帶有複雜的機器，都很害怕信念，這種害怕並不僅限於羅馬宗教。當路德宣稱「用信念拯救！」整個宗教都被震驚了。他並不懂得婉轉迂回。神聖的火焰在靈魂中熊熊燃燒，在摒棄所有障礙物後，他勝利地歡唱：

　　「我們的上帝是最堅實的堡壘，這道堅固的堡壘，永遠不會被擊垮，我們的救助者身處洪災，而疾病也在人間盛行。」

　　宗教系統無一例外地教導信徒要敬畏上帝，並且讓人類相信我們必須做祈禱，遵守教規，執行祭奠儀式，暗示著拯救只不過是次要的。他們指導人類只需要在寺廟周邊徘徊，隨便拜訪即可，但卻需要對猶太教堂的內殿，那個最神聖的地方做一個正式的拜訪。透過這麼一種敘訴，上帝或許只聽到一種疑惑。耶穌說：「只要對上帝抱有信念。」（《馬太福音》第十一章，第二十二頁）然後闡述了其特權以及一些可能會發生的事情。

宗教的狹隘讓那些對上帝抱有信念的人苦受迫害。史蒂芬，那個面泛聖光的烈士。從他的時代開始，直到現在，靈魂與上帝直接連繫一直是被壓制和鎮壓的。那個美麗而傑出的現代聖人，夫人被囚禁在巴士底獄，因為國王和宗教都對信念心存恐懼。傑治福克斯和斯維登格和那些虔誠的信徒都被當作是危險的人物。因為教堂和國會都會害怕沒有限制的信念。充滿內在光芒，並在外界生活中因愛、無私和美德而與眾不同的各個時代的寂靜主義者都給統治力量的敵意行為一個實際的教訓。

歷史告訴我們，人類直接與上帝溝通連繫並不需要遵循那些無謂的儀式或者是宗教慶典。寂靜主義家心中的安靜的靈魂，愛以及性格的美都是十分明顯而強烈的，雖然很平靜，卻足以讓各個年代的形式主義相形見絀。簡潔和內心的光芒相比於宗教慶典而言則是一種異類，但這些並不意味著對宗教儀式的一種歧視。如果人類被鎮壓不能與上帝直接連繫的話，那麼神父代替人類去祈禱總比什麼都不做的要強。實際上，大家都普遍地認為在發展的不同階段，祭祀和慶典都是有用的，也是必須的。我們還是應當去尋找神靈的，不管我們在哪裡找到神靈，這對於靈魂而言都是跟隨上帝的一種感覺。每條通往神靈的道路都是神聖的，但並應該被偶像化的。

在現代歷史上曾經有幾次純潔信念復活的運動，而這些都與那些著名的靈魂人物是無關的。偉大的精神復興運動是由路德主導的，不久之後失去了純潔性，並且需要教條去做衡量。也從此時開始，不同時期的信念都會不斷地重複聲稱自己是自由的。由喬治·福克斯創立的友教會和貴格教會在十七世紀後半期領導了一場廣泛而激動人心的運動。這群奉獻型的，不反抗型的人們的典型特徵是注重內在心靈啟發，漠視外在的儀式慶典，並且主張讓人類直接與上帝溝通交流。正如那個時代的不遵守規則的人一樣，他們遭受了酷刑。他們有著一顆美麗的心靈和不抱怨的心態。從那時候開始直到現在，他們的歷史一直在閃閃發光，為後代的人樹立了一個很好的榜樣，崇尚內在信念，和平與信任，從來不缺乏相應的表達去歌頌他們所作出的豐功偉績。

另外一個結合少數形式主義的信念的運動，是十八世紀的衛理公會派教徒運動。此次復興運動帶有更多的外在表現。主流思想，衛斯理和懷特菲爾德，他們被「神聖的熱情」鼓勵著，這種精神隨後也廣泛地流行在英國和美國。基督教的衛理公會成為了一種重要的力量，並且對塑造宗教思想發揮重要的作用，但是神學的不同逐漸顯現，以至於原始動力失去了團結和單純，導致了衛理公會宗教被劃分成了幾個分支。

　　唯一神教派運動，在其早期歷史中，尤其是在柴甯博士主導的時候，因為其簡單的一神論而顯得與眾不同。這是對過度狂熱的神學理論的一種抵抗和排斥。教義也變得晦澀複雜，但是柴甯認為人類是上帝的孩子，也是聖靈的愛的主體。再者，用信念拯救的觀念，人類和神是一體的思想都是新靈感的基礎。十九世紀早期的精神復興，不僅吸引了很多追隨者，其精神要旨還滲入到了現有的信念體系裡，這種微妙的改革力量衝破了技術的限制，留存至今。作為一種宗教教派，其數量一直在穩定持續地增長，其自有的精神也廣泛地輻射到了各個領域。作為一種基於上帝的天父身分和人類的兄弟身分的精神運動，其擴散的趨勢是驚人的。柴甯的部分高尚的表達是蘊含著罕見的靈魂真理的。在談及在未知中抱有信念的自由的心靈時，他說道：

　　「我把這麼一種心態稱作是自由的，這種心態掌控著情緒，對抗著動物性的渴望，對比於自有的能量，輕視快樂和痛苦，深入體內，意識到現實和偉大，超越生命，不在於詢問應該吃什麼喝什麼，而是渴望什麼，並且尋求著公平正義。」

　　「我把這麼一種心態看作是自由的，他逃離物質的束縛，與其駐足停留在物質層面，將其看作是囚禁的獄牆，倒不如

想方設法超越這種障礙，找到靈魂的發光體並且將其發揚光大。」

「我把這麼一種心態看作是自由的，這種心態並不會滿足於被動的世襲的信念，永遠讓自己崇尚光芒，把真理看作是從天堂來的天使，當諮詢他人時，會詢問更多有關內心神論的問題，並且用這些指示加速能量的發展。」

「我把這麼一種心態看作是自由的，這種心態並不會受到外界環境的消極影響，不會因為外在的威脅而消逝，不是偶然事件的產物，有能力讓外在的事件根據自身的發展方向來發展，並且根據自身信奉的原則做事行動。」

在宗教自由的現代史中，我們並不是十分確定我們是否在完全地遵循著柴寧所制定的主旨和基調。好的作品和利他主義是值得歌頌推崇的，也是會占據重要的地位的，但是在其之上應該存在與眾不同的信念和精神意識。

在回顧超感覺現實領域的純潔的簡單信念時，有一種是十分獨特的以至於我們需要對此特別關注。這就是為人類所知道的超自然論，這在上世紀中期就十分流行。這種理想主義理論的出現十分得引人注目。在深層意義上說，這既是宗教意識也是精神領域的甦醒。而在剛開始階段，我們很少有人能夠完完整整地領悟其真實的內在涵義，即使是到了今

天，我們也無法完全地了解這種理念。艾默生是其主要的先知，他的理論十分重要，而且十分適合其所在的時代和環境，正如那位偉大的希伯來先知以賽亞那樣。我們普遍地誤解了超自然論，以至於不僅將其看作是非宗教理論，更看作是一種無神論。對於當時的宗教意識來說，信念已經被完全地與教條、儀式、祭祀和教會主義連繫起來。而當去除了這一切，恢復至其原有的簡單的模式時，我們都完全認不出來這就是信念。組成復活運動的少數靈魂人物不僅不被當作是重要的，而且還被看作是提倡打破舊習的人。艾默生的有關宇宙經濟的大部分直覺都被科學研究所確認，而他對心智領域的深層見解也在很多高度發展的靈魂人物的心靈精神體驗中找到了豐富的證據。超自然理論為實用的有益的理想主義打下了堅實的基礎，也在科學和信念中做了一個調解，是一種未知意識領域的奠基。在一個模糊的、無禮的以及思辨的哲學家看來，未來的人將會把他們當作是偉大的現代先知以及啟發心靈的人類通道來崇拜。而這種觀點在艾默生時代是十分流行普遍的也很有可能為大多數人所持有。原始的直覺的靈魂常常早於其相應的改革進化的時期出現。只有當後代的人類推測出其意圖，他們才能夠為世人所理解。此時，超自然主義並未對內在的本質力量提供任何外在的提示。此次運動也不可能在早期的時候就能夠找到一種原動力，因為這

個世界仍然未能有效地接受有關資訊。早期的甦醒能夠很好地切合當時的時代發展，也能剝落精神果實的外殼，更加接近距離地看到其內在的果實，不過這會讓精神果實的精髓和核心暴露無遺。在艾默生年代前的很長的一段時間裡，哲學已經因為信念的發展以及精神文明的進步受到了人們的肯定。帶著神祕感和深刻的含義，哲學傾向於讓人類的生活變得更加簡單，如孩童般無憂無慮。由此催生了一股自然的積極主義並且教導人類，存在本身就是一種快樂，一種特權，並且展示了理想的人類騎士就是上帝的真正的表達。

如果信念是一種永恆的力量，而不是間歇性的或者是反覆無常的，那麼信念應該是永遠都是實際可行的。如果這是一種法則，那麼這種法則就不會被禁止或者被撤銷。如果信念能夠有效地緩解身體疾病或者是心理壓力，那麼即使是到了今天，其能量也不會少。現代世界中，缺乏信仰和物質主義是尤其突出的，人們普遍不具備治癒性的品德。而在最重要的人類福利的部分，我們卻唯獨選擇了依靠視覺來行走。耶穌所傳達的有關信念的唯美主義主要被應用於將人類從疾病和不和諧中解放出來。在這麼一種慈善性的工作的，耶穌並沒有特權。這是所有「有信念的人」的特權。「你應當從事一些比我做的更加偉大的事情。」在早期的教會的日子中，一種簡單卻又強烈的信念十分流行，人們常常期待能夠

在以此來治癒傷痛，並將此看作是理所當然的。當這一種精神力量被教條主義，神學猜測以及國會組織所抹殺的時候，其力量也在急劇地消逝。當一種可見的合法的解釋已經出現，世人的眼裡，沒有事情能夠讓他們重拾對這種力量的信心。此時這裡已經出現了聖靈降臨教派的徵兆，只是不像之前那樣，這些無疑都會逐漸實現的。內在的力量的世紀應用並不會因此而擴大範圍。這對於早期的工作會有特別的關注，而這些工作都是由這些書的作者所發起的。

　　一份執著的信仰是當今社會所缺乏的。墨守成規和高度的智力發展都無法取代其位置和作用。我們需要充分地意識到上帝的存在，內在的或者是為外在的，也是隱藏在其他生命中的生命。上帝的王國在人類心中，要想找到他，就必須變成小孩。各個時代，信念的最好的解說者是那些生活在宇宙的力量，並且將自己生命當作是傳輸神聖能量的通道的靈魂人物。

第十五章

更加豐富多彩的生活

　　「我來到了，他們或許已經有了自己的生活，或許已經過著豐富多彩的充實生活。」(《約翰福音》第十章，第十頁)。神靈與人類之間的親密的連繫是最吸引人類注意力的基本真理。如何最大限度地確保其活力一直是並將永遠都是最普遍的問題也是最有趣的問題。在處理人類活動的現有問題時，物理科學的不同分支都有著自己專屬的領域和觀點。他們是與生命有關的，但是其主要來源和不斷的動力都不是生活。這是透過天父之子傳達的。但是人類的信仰主要把高層的生活當作是抽象的命題，並且當作是直接應用在未來的情況的。但是生活，雖然是神祕的，卻是最近的也是最普遍的。實際上，我們只有一次生命，只是生命之泉是源源不斷的。在某些精神意識的高層領域，人類能夠掌控神祕的力量並且他們發現，要想引入並培養這麼一種體驗是具備可操作性的。上帝是我們宇宙中最高級的典範，擁有豐富多彩的生活，透過獨一無二的體驗，我們或許能夠感受到能量的注入或者是神聖的化身。正如保羅所認為的：「我們在上帝（眼裡）生活、活動並且逐漸有了自己的存在。」如果他必須是我們最深層的物體，那麼我們的外在應該會做出相應的表示。我們應當不斷地對這種關係抱有執著的信念。這是極其重要的。

　　我們所遭遇的苦難和不景氣都來自於一種分離的感覺。

而這種分離的感覺是因為我們一不小心無意識地讓其流行開來。靈魂人物是具備與眾不同的個性的，永遠都不會忘記其身分，同時他們仍然需要培養一種無處不在的意識和感覺，讓人類感覺到他們的靈性。我們常常傾向於將神學當成是宗教，但實際上這兩者是不一致的。宗教是與上帝的一種連繫，而神學只不過是關於上帝的一些觀念。健康是完整的生機勃勃的生命的一種特徵，而其與宗教的關係是最緊密的。這裡或許會存在一種動物性的體力，但整體而言，這裡是蘊含著一種精神因素的。當所有活著的生物從上帝中獲得生命，人們完成了對其來源的了解並且增進對健康的理解。讚美詩的作者在提及上帝的時候說道：「誰是我至高無上的光榮？是上帝！」

　　不斷地接近於上帝的靈魂才是真正的祈禱者。一般意義而言，祈禱者都是需要被重新定義的。這常常被看作是一種請願，請求那些被扣留的事物或者正在缺乏的事物。但是深層意義上說，這只不過是對既成事物的一種肯定。聖保羅提醒我們：「所有事物都是屬於你的。」神聖的繁榮永遠不會停止，但我們的靈魂並不會對此作出回應，或者說還沒有開竅去接受有關理念。一個人在美食面前會感到饑餓嗎？人類很有可能仍然未能意識到自己的存在。閉上眼，他很有可能會因為饑餓而死去。這是內在的過失而不是外在的。靈魂的

開竅和信念的應用對於善良而言是必不可少的。

詹姆士在他的詩文中說道：「信念的祈禱者應當救助病人，上帝也應將其撫養成人。」這項工作不僅僅由祈禱者完成，還應由信念的祈禱者完成。信念還包含著一種對意識的依賴。信賴並不會真正成為真正的信念直到其能夠為靈魂所執著，所依賴。作為輔助者短暫的物質能量或許會有其位置，但是信念若被放在次要的位置就不能釋放其能量。這是屬於第一位的，是重要的。你們不應該將其他上帝放在我的前面。這不是特別指代那些不可磨滅的形象，而是那種有分歧的，懷疑的忠誠。把上帝當成是一種次要的治癒力量實際上是將其聖經的順序倒置了。在現代的生活中，即使是在那些自稱為基督教徒的人群中，物質科學也占據了重要的位置。在原始基督教會的日子裡，執著的信念是很平常的，也是實際可行的，但已經逐漸被低級的中間人擠兌出來了。透過一個個漫長的無意識的過程，這些逐漸演變成其他上帝。

「有兒子的人們既有了生命。」（《約翰福音》第五章，第十二頁）這明顯地指明了天父之子的身分，一種為眾人所知的精神關係。這僅僅限制於某些未來的或者是遙遠的不為人所知的領域。精神基督的化身就是其兒子的降臨。他帶來了生命，或者說是生活。降臨意味著從潛能中甦醒過來。這就是神聖形象的顯現，人類就是按照這個形象被創造出來

的，這也是人類本質和潛力的復甦。聖經常常反覆地教授這些道理。

　　毫無疑問的是，在現代將信念的祈禱歸入到增進健康的做法並不是傳統的，但是如果聖經的光芒能夠照亮生活，那麼這個結果也是受人歡迎的。在一些尤其突出的公共緊急案件中，請願的訴求者都有採取措施，但很少人是有著堅定的信念的。如果這些祈求者能夠被召集出來，為什麼不經常利用這麼一種力量，而非得要等到特殊的場合才使用呢？身體的能量來源於主要的精神力量，這種精神力量與身體能量相呼應並且支撐其順利運行，這也是能夠喚起活動所在的信念之源。高級發展的目標是開發心靈意識。這是一種神聖的真實的觀點，而非物質性的觀點。我們需要從原有的感覺限制以及肉身的束縛中解放出來。精神上的使徒的禮物是無法用金錢或者是用價格去衡量的。一塊本身是惰性呆滯的軟鐵在經過磁鐵的觸碰後，或許會充滿能夠賦予顆粒以極性的能量，這種能量能讓整塊都充滿積極的力量，所以身體器官或許能夠接收到精神潛能和物質能量。精神是主要的物質，因為這是所有物質器官以及外在形式的基礎。

　　簡要地劃分一下，我們主要有三種互相包含不分離的物質。物質身體同時被心理的和精神的力量所滲入，這是主要的，也是絕對的。這並不是因為受到空間的限制而分離的，

而是因為提煉的程度以及微妙的內在連繫。沒有事物能夠被置換，但是每種物質在心靈感應上能夠變得更加精煉，相互存在。原始因果關係的領域，作為一種職責或者是特權，應當能被自我所識別。「上帝的王國在於你的心中。」在這個領域中占有一席之地能夠讓我們直接與上帝連繫。這就是最高級的神祕境地，而這也是基於變動以及不確定的領域的。休息和再生的潛在的力量毫無詩意的渲染，而是一種的確存在的現實，而這些必須由那些真誠的人們努力才能找到的。粗獷、結實的身體形式並不能彼此相互滲透，但是這些物質並不足以成為占領精神領域的障礙。在《約翰福音》書中，我們被告知耶穌在復活後有能力穿越緊閉的門並且真身出現在世人面前。

透過一種持續的未被人類了解的生命重生力量，心理的和精神的潛能，基督教在處理人類錯誤時忽略了人類原有的力量和適應性。所承諾的「提示」遲遲未能夠出現，因此大多數生活在較低層次的人們無法理解抽象的事物，對任何工作都提不起興趣。福音書的力量應當以人類可以接受的方式出現，而「提示」也應該能夠讓人類可以理解、接受。耶穌的職責所在就是將其所搜獲的證據傳遞給世人並且用他們可以理解的語言和方式告訴他們。

由上帝完成的不平常的工作一直被看作是特殊的，不與

事物內在本質相一致的。這些事件我們世人習慣將其稱為奇蹟。由於這些奇蹟一直被世人看作是對現有的秩序的違反和破壞，因此鮮有出現。人類無法提前預知他們是否可能發現他們認為是不可能的事情。人性一直被看作是墮落的，非宗教的，因此耶穌宣稱這並不是天父之子的身分，而是認為天父之子是屬於大家的。這個真理看起來太好了以至於不想是一種有價值的信念，這也毫無疑問地創造了一種執著的信念。實際上，人類一直認為這個世界一直是由一股反覆無常的力量統治著的，並非是一部仁慈的法律。

被記錄在福音書裡的「偉大的工作」是有著各式各樣版本的。懷疑論者和那些物質主義者對其歷史的準確性表達著一種絕對的不信任。那些聲稱相信的人，將其看作是事實，卻也認為這是特例，不在日常的行為規範或者是秩序內，將其看作是證明耶穌是一個神的特殊的「指示」。這種看法忽略了早在原始教堂的時候，奇蹟已經是很平常的一種現象，並且不會受到個性或者是上帝時間限制的事實。對這一「奇蹟工程」的協力廠商的真實解釋是，雖然在一定程度上，這是罕見的，但這是屬於人類計畫的重要部分，並且在類似的環境下，這是發展，在各個年代都是可以被複製的。換句話說，他們組成了一個基督教的榜樣，既不是奇怪的，也沒有違反相關秩序。那些深層思考過的且有看過人類歷史的人能

夠合理地認為這些都是變態的不正常的嗎？那些科學家們又怎麼能教條式地反對人類來源的精神哲學以及生命的泉源？

哲學的邏輯和類比現實，生命和心靈共同構建了身體器官，並非是身體器官的結果或者是產物。這些無法看見的主要的能量掌握著合理的元素的物質，並且用合適的方式表達出來。不是技術性的化學，而是生命的化學，用神奇的技巧選擇，並且轉換物質以合適地表達。這團結著並且組織著他們，因此對外宣稱其所處的層次和本質。

每個階層的生命都在尋找一種具體的化身，這是一項普遍的法則。這是一種物質化的行為。但是從一種缺乏精神魄力以及對其內在缺點的信仰的觀點看來，人類是可以依靠那些會讓其變得虛弱和不確定的具體化身的。信念是缺乏的，其相應的力量是微弱的。由此，加速其分崩瓦解。而生命也因為這樣而尋求更多合適的環境和條件。

更加豐富多彩的生命是這個世界的需要，也應該是這個世界的一種理想的模式。除非是在次要的或者是暫時的方式，否則這不可能從物質中獲取能量，但卻是在物質世界中培養成長的。當為拿撒勒先知所具有的精神意識和深層見解被耶穌的信徒所傳承發展，那麼在任何時候，信徒們透過有序的神聖的方法會「做這件事」的。這種設想是完全合理的。但是這種高於低級事物的主權會逐漸地完善和實現。這

主要是潛在的。那些相信我的人們，將會繼續做我應該做的事情。世界上沒有事情能夠比這更加積極的，也沒有任何潛在的限制。他給予這個世界的資訊並不是神學體系裡的，不是道德標準，或者說是外在的限制，而更多的是指生命。熱情洋溢，生機勃勃的生命，必須包含愛，愛將會取代這個禮儀以及法律。當需要透過耶穌來表達的基督必須擁有寬廣的化身時，合適的時機即將到來。如果轉化，而不是受制於抽象的信仰或者是贊成某些神學的教條，這就意味著新的生命和不斷地從肉身以及混亂的秩序中解放出來，這個世界是多麼地期待看到其開花結果！這裡有種或許是每個人都能理解的訴求，而這或許會有無法想像的吸引力。這就是合法的繼承。

　　不同的心態會直接反映出身體的狀況，沒有人會否定這的。這個原則一旦被承認，那麼這裡就會存在著我們對這些心態的可能性控制的問題，以及了解這些訴求是怎麼被傳達和實施的。最緊密的心智活動和形成是透過信念和想像完成的。這些都是靈魂中最神聖和隱藏得最深的因素。創造性的想像力確實可以顛倒黑白，但這也是每種一般的能力所能做到的。不管是哪種本質的力量都應當被引導到正確的方向上。扭轉最有效的動機或者意圖，都會變得更富有建設性。其善意會被轉成罪惡。想像力產物的角色能夠決定一個人內

在心境究竟是好還是壞。

我們或許會反對，信念不可能因為需求而被提出，而信念的建立也是需要基礎的。但是信念，一經被培養，就會是我們實實在在的知識體系的一部分。如果缺乏了外在的結論，那麼這會喚醒更加令人滿意的內部憑證。這種積極的結果能夠證明自己並且為自己背書。信念是上帝的拯救的力量，這可以帶領靈魂直接與生命的重心與泉源連繫起來。理性和邏輯的確占有一定地位但是仍然有更加高級的力量。內在的見解能夠喚醒一定程度的能量，這是外在影響無法企及的。若是一種變態的想像力，或者是罪惡的想法，這會導致紊亂的情況的，由此我們也可以推斷，如果能夠正確使用，這是可以發揮治癒和修復的作用的。靈魂是處於一個不斷塑造的過程的，並且向可見的身體器官傳達著訊息。「這種信念能夠創造整體。」這種說法同樣適用於化學和物理法則。隨著信念的衰退，宗教生活也失去了大部分重要因素。對現代生活的智慧地吸收了已經催生了一種直覺的或者是精神的理解的正直的權威性，同時還保持了其主導的地位。

在上帝的實踐中，靈魂的轉化以及身體的治癒只不過是同等程序的內部和外部方面。身體語言的表達是透過心態的更新而更新的。作為一種完美的自然的結果。原則都是一樣的，當歡樂與恐懼。欣喜和內疚躍然臉上的時候。

我們常常依賴的修復能量是宇宙神奇力量的一部分，如果我們能夠與這種能量思考一致，行動一致，我們可以加速或者是協助其治癒力。這種就是神靈與人的合作，而上帝的部分是已經準備好了的，並且是完整的。我們是有可能自主表達，促進或者是阻礙的想法。上帝是從內心工作的，而非是從外的，並且是永不停歇的。因為他駐紮在人類靈魂深處，我們能夠很容易地就找到他並且意識到他的存在。儀式、慣例或者是請願都無法將其打倒，因為他總是在那裡。

　　我們所謂的疾病和痛苦來源自那些致力於修正我們的躊躇，改正我們的不誠實的行為的修復能量。意識到他們真正的使命，帶有著絕不抵抗的態度，緩和他們的不適，加速緩解。雖然大家普遍地誤解了傷痛，而實際上傷痛不是一個敵人給我們帶來壓力和苦難，他是一個喬裝的悲憫天使。我們帶有敵意的態度為其準備了武裝的資本。

　　「一個人認為他是怎麼樣的就是怎麼樣的。」我們將疾病看作是一個發熱的興奮的狀態，而這種狀態實際上是內心的神的力量在努力地去除干擾、淨化「聖靈之寺」。上帝一直致力於引導我們走上正確的道路，透過其魅力，又或者是用一種消極的方式去證明錯誤道路的苦難。

　　聖靈的赦免很快就顯現了。我們正在學習著人類其實是有著神聖一面的，而這神聖的一面隱藏在上帝搞神祕莫測的

本質當中。不斷深入的意識是心理和健康的身體的堅實基礎，同時也在不斷地擴大的神學體系中和科學的神化中表明自己。人類感覺正在上帝的後面並且尋找著更多的生命。神性和人性的相互照映，二者的聯合能夠為人類的苦難提供陣痛軟膏。

第十六章

未來的生活

　　聖經中有關未來的生命和環境的教學是含蓄的。尤其是在《聖經舊約》中，人們很少能夠意識到長生不老。其中或多或少會有暗示，不過很少會明確地聲明或者作出解釋。即使是在《聖經新約》中，主導聖經神學的保羅的教學之外也很少會提及存在的下一個階層是什麼，形式一般都是神祕的。考慮到這個主題的重要性以及對此的興趣，我們或許會自然而然地期待，最不適宜的末日論及其教條是否在聖經中占據著重要的地位。

　　聖經明顯是欠缺了的對終極意義以及外在真實性的強調，我們或許可以從這裡能夠有兩個推斷。第一個，在這兩個表達的層面之間存在著不可逾越的簾布，這是一個明智的合理的。第二，高級的生活並不是別的或者是人類的一種不同的狀態。而僅僅是一種延續，實際上，我們只有一次生命。果斷地區分是誤導人的，因為變的不是生命，而是關係和方法。

　　不對死亡事件的條件做出教條化，我們會有足夠的啟示去解決這個問題，以聖經層面或者是從實際意圖的精神見解。由於我們是組成的，那麼有關最不適宜的事情的傳說是最好的。這個結論也是合理的。每一種啟示都會在成熟的時機時向人類展示，又或者是當我們成熟的時候。我們渴望積極的證據，但或許未能考慮到所包含的因素。我們無法定義

人類先進的思想，我們也不可能知道所有的事情。我們倒不如預留一些空間，讓真理可以在未來很好地展示出來。信念和希望在人類意識中占據著重要的位置，並要求人類靈活地運用時間。鍵入我們真的有能力看見未來，看到現在的生活，那麼我們就再也不會帶著信念生活，也不會有豐富的想像力，也不能愉快地成長、成熟。我們有一個工具可以神祕地預測未來。我們必須運用這種能力，否則會造成萎縮，停止發育。不可否認，越線接受溝通的可能性和效用，已經足以喚醒積極的先知活動和靈魂的意象。即使我們接受了最清晰最準確的測試，依然會存在些許神祕的成分。我們的感覺器官和智慧器官並不在這方面產生作用。如果我們能提前清晰地預見，什麼又將成為那些偉大的榜樣、希望和動力呢？而這些偉大的榜樣、希望、動力一直在吸引著我們向前發展。發展是需要空間的。生命、愛、真理和發展都是確定的，因為本質上他們就是毫無止境的。我們所知道的這些積極的事物是因為我們心中有其存在。而神奇的領域，不管是在現在，還是在以後，都是在於環境和關係當中。生命，現在或者是永遠，都是個性化的百折不撓的精神力量之源，在自有管道中神聖力量的微觀宇宙泉源。因為這是精神化的，也是永垂不朽的。在現有的基礎上，他掌握並且具體化著我們所謂的消極被動的物質。真實的自我或者是精神的自我都

在構建著可見的器官並且將其轉換成暫時的合作夥伴去向外界表達自我。但即使是物質，也是不可毀滅的。水或許會變成冰塊或者是蒸汽，但永遠不會消失，或者失去任何潛在的能量。他們有著生命的一種形式，這是靈魂多麼高級多麼連貫的形式啊！能量的保存，科學地建立在物質領域，與上述領域有著密切的連繫。形式和方式或許會改變，但是不管是什麼質量的能量，都不會消失。此時或者彼時的靈魂都會與相應的環境緊密連繫，並且接收著有序的反應。

死亡是一個工具的倒下，永遠不再適應靈魂的發展或者是對其有所反應。這是由於過度生長發育導致的後果。死亡會是一件好事如果是死得其所的話。這是對不再有用的東西的一種明智的放棄。罪惡的死亡意味著正義的重生。這才是真正意義上的「復活」。少數人仍然持有物質塵埃重組的觀念，而這本就不是必須的。聖經中的教條看起來似乎是已經有在陳述教導這個觀點。但他們未涉及到現有的真實的信念表明他們變得多麼地迂腐陳舊！但是普通意義上的死亡僅僅是指生命中的一個事件。我們或許會問，作為發展的一種方法，身體的發展最終都會過度發展嗎？在某種意義上說來這是不是一般精神榜樣的一種失敗呢？作為現有的方式和更高級更精確的方式間的僅有的通道，這會不會永遠都是一個不受歡迎的過程呢？怎樣才能征服這個保羅常常提及的最不受

歡迎的敵人呢？這是一個必經的過程，而在一般人看來，這些都是粗魯且惡劣的。這個問題並不直接針對永垂不朽的。即使是次要的也是人們感興趣的。直面我們的目標，又是什麼將成為這一般的理想的過渡物呢？現有的赤裸的化身並不適應於靈魂的傳承。將其永不見天日地掩埋，塵歸塵，土歸土的，這做法永遠都是必須的嗎？不斷地精神化，準確化會不會讓不純潔無所遁形？這麼一種時代會不會到來？在當今時代，長生不老是不可能的，而以一個更加精細的器官去延續傳承至少能夠滿足擊敗死亡的妄想。高級進化的過程會為人類帶來無法回饋以粗俗土質物體的時代嗎？聖經以及書中的英雄人物們又是否能夠給這個問題帶來光明和啟示呢？如果伊諾克和伊利亞的經歷有著典型的重要意義，我們或許能夠推斷出他們與高級法則是相一致的，逐步整合這些高級的法則對於人類而言是一項偉大的成就。保羅確信（《希伯來書》第十一章，第五頁）伊諾克被信念解讀成他不應該看到死亡，他並未被發現因為他已經被上帝轉化了。是否有一種死亡的方式可以被定義為一種事件，能夠被「吞滅直至永遠」？現代的解說表明沒有事情是偶然發生的又或者是任意妄為的，如果伊諾克和伊利亞的故事是真的，那我們可以根據邏輯推斷出他們是先進的，是精神復甦的典型例子。作為一種模範，一個完整的模型或許會很好地預測人類的成就，

不違背進化法則。這是針對死神的一次偉大的勝利，我們應
當能意識到將美麗的有序的翻譯當作是人類的目標。對未來
的意象能夠催生對人類靈性的信念。

　　但說到聖經中已經定義的並且呈現出來的死亡，除開之
前提及的一些例外，靈魂與物質奴隸間的關係的解除被保羅
美麗地比喻為種子的栽種。「種下的是樸實的身體，長出的
卻是靈魂的實體。」靈魂實體必須是一種器官，一種真實的
帶有適應新的關係和環境的夥伴的單一的整體。我們並不是
要從靈魂中脫離，而是要「披上靈魂」的外衣。這麼一種有
機物包含著個性，意識甚至是有限的區間。那些「死亡」的
被遺留的東西在其層面上進入了一種新的關係，那些駐紮在
內心的靈魂和精神實體毫無障礙地向前發展著。人類本身並
不是活性的。當入口處的嬰孩進入外面的世界之前，他們的
肺已經做好了呼吸新領域的空氣的準備，所以說進化中的人
類是已經調整好準備好進入新的精神世界了。在所有等級的
生物中，從單細胞動物，在往上，道德秩序絕不呈現在任何
羽翼未豐的候選人的。在舊事物的掩飾下，他的新的設備在
某種程度上說是已經出現了的。

　　保羅提醒我們種植在土地上的種子必須死亡或者被遺
忘，在新的或者是高級的次序到臨前。這個明喻是美麗而且
深刻的。成熟，低級事物的明顯的衰退，緊接著就是高級的

更新。透過不變的法則，橡木來源於橡實，生命的高度發展難道會比演變和有序的身分更加不確定嗎？但是「復活」在一種重要的含義上，獨立於物理溶解的部分。並且是靈魂向更加高級的生命和意識的進步。這事情每天都在上演著，就在我們的身體。這種非物質的不朽的發展趨勢並不是基於物質事件和環境的。生命？不管是在此時還是在彼時，發展蘊含著多少的含義！而奇蹟就這麼地出現在世人面前！即使是在最低級的秩序，沒有比化學能夠發現其祕密的。想想這意味著什麼吧！如果擁有一副永不腐爛的身軀。沒有弱點、衰退或者是身體限制。主要說來，這並不是智力的領域能夠證明人死亡意識存在的真實性。這是超出了其能力的範圍，並且深一層來說，這測試線實在是太短了。我們的耳朵能夠接收到環境的頻率，我們的眼睛能夠看到那些乙太的東西，也就是我們所謂的燈光，每個物體都有屬於自己的職能，相互間不能夠被取代。當對於未來的設想並不屬於知識領域，總會存在邏輯的結論。

　　想想「供求法則」考慮一下其普遍的適用性。即使是被其物質應用所認識，其高級的範圍是顯而易見的。神聖秩序中的奇蹟和榮譽是其團結和相關性之間的關係。沒有物體能夠超越一切，也沒有物體會被閒置放棄。萬事萬物總會與別的事物有關聯。正如艾默生曾經貼切地說道：

「萬事萬物彼此相互需要；沒有公平的或者是善良的東西會孤獨地存在。」

供應和需求是事物積極和消極的一面，彼此之間互為預言。如果我們忽略事物之間的密切連繫，單一地看待某件事，我們會白費力氣的。每一個都在向另一個提出需求以滿足自我。有收穫才會有付出。人類靈魂中繼續生存的需求是如此的普遍以至於我們必須將其看作是正常的，也是被灌輸的。設計，補償，平衡和適宜隨處可見，他們這些都是十分基本的事物本質。如果靈魂本身對於自然法則而言是一種特殊的例外，如果其本身就包含一種積極的需求，我們或許能夠做出結論，所有的推斷都是毫無價值的，道德秩序也是被計畫用於欺騙世人的。那麼我們在哪裡可以找到一個特殊的例子呢？一個完整無缺的手腕卻沒有手，一雙眼睛卻沒有美景可以值得欣賞，為音訊設計的耳鼓卻沒有音訊可以聽取和識別，以上種種與靈魂已經到了盡頭的看法一樣荒謬。曾經有人看到樹葉的時候會懷疑過樹的存在嗎？

人類的身體組織本來就是設計成需要接收真理的，而揭示，嚴格上說來是科學的。人類的心靈與真理精神是保持著勻稱性的。由此也衍生出了對未來的一種積極的確認。就像是植物在陽光的照耀下燦爛地綻放。如果我們是無限潛能的

衍生物，上帝的孩子，我們一定是精靈，而精靈是長生不老的。人類是用上帝的東西創造的。不斷地與世界保持著統一能夠讓我們有了一個保證，人類本質上並不會比神靈更加地保持永恆不變。「你們是完美的，你們在天堂的天父也是完美的。」完美的事物是不會被失去或者是有缺陷的。人類的靈性是其永恆的保證，而他們的靈性作為自我進步的一種形象出現。

　　已經被認證過的未來生活的證據讓其不必依靠來自高級的朋友的真實的測試。在某些有利的因素條件下，那些拋棄我們的人會表現自己並且相互溝通。這個事實的實現不再受限制於那些自稱為「精神學家」的傢伙們，又或者是那些出於好奇的動機而尋求表面現象的人們。在那裡人們都知道是精神學家的人群中，仍有部分是十分著名的，也是有良心的，他們也十分聰明。他們大部分都曾經努力地根除欺騙行為和庸醫行為，做出這些惡劣的行為精於喬裝欺騙。現代某些謹慎保守的科學家，他們非常出名，並且被這個文明的世界所敬重，他們毫不猶豫地從外界證明理智資訊的真實性和有效性。當作家並為做任何實質的調查，他們就把思辨類文章的真相以及不同的表達間的認知當作是已經被確認過的。那個被每個人用真理作為藉口以否定教條的時代已經過去了。直到達到更加高級的精神領域，神祕感才能被清除，若

掩飾的未能被揭開，這可能會變得更加薄。如果我們生活在
一個社交的環境，如果這裡存在愛和興趣，又有什麼能夠比
需求更加得正常呢？如果我們親密的朋友們穿越過大西洋，
尋找我們未曾找到的東西，難道他們不渴望寄給他們福利和
進步的資訊給我們？這是我們物質主義和對轉化的不正常的
想法。這種轉化讓相應的人和物體廣泛地分散一地。這麼一
種關於先進領域的意識並不是與基督教派思想或者是執著的
信念和信任相一致的。當我們「失去朋友」時，讓我們一起
培養「他們並不遙遠」的感覺吧！即使失去了先前的連繫、
興趣和友好的唯一，但是即使無法看見感覺器官，這些仍然
存在並且為我們服務。在傳統的「精神主義」中，存在很多
非精神的推測估量的，不真實的東西。這是由其最好的夥伴
所承認的。但是我們能夠找到任何一種哲學或者是宗教是與
人類的缺陷無關的？穿越了這條線就會讓人們無法成為真正
的精神化。性格的和內在的坦白與空間或者是條件無關。這
個法則是具有實際可操作性的。但卻很少人能夠完全明白。
一般而言，他們傳達的工具是可以添加一些本地的色彩以粉
飾其無線電報的低級領域，對他們的法律作出最大限度的調
整是必不可少的，所有期待的事物都是屬於心理或者是精神
層面的。即使是在另外一個方面，也存在著無知，粗暴以及
黑暗的領域。這麼一種阻礙有效地防止了自由地逾越高級的

與純潔的靈魂之間的界限。黑色的種包含著對正常的完整的東西的摒棄和否定。低級的狀態記錄在《聖經》中被描述為巫師，妖精和罪惡的擁有者，或者是其他包含低級活動的或者是未經發展的「囚禁的精靈」的不正常的條件。不乾淨的、罪惡的因數不僅存在於這裡，而且還存在於那裡。他們被混合在善良的人群中。這裡存在非精神領域的而且可以被避免的超自然事件。聖經裡滿滿的是各式各樣的靈魂人物的描述和引用。曾經引用的術語對於現代的我們而言已經是毫無意義可言了，但他們仍然具有一定的精神意義。我們能夠讀到天使，天使長，六翼天使，信使，日月星辰，敞開的天堂大門，冥想和入迷，正如所顯示的高貴的智慧，生物的體驗和狀態。或許會有相當一部分術語會用來定義低級的次要的環境和條件。生活並不是因為被當作是神祕的或者是重要的作品而廣受世人尊敬。因為不變的法則，每個角色和意識的秩序都被其「廉有的位置」所吸引。聖‧約翰，「神靈」在其受到高度讚揚的《啟示錄》一書中，列舉了某些道德特質，這些典型的道德特質一直流傳至今。那些非正直、汙穢的，正直或者是神聖的都一直保持著不變。並且書中也有記錄：根據每個人曾經做出的貢獻，每個人都會有應有榮譽。這並不是說明時代並沒有進步，而是表明進步是要付出巨大的努力的。

　　對我們後代子孫的拯救是與我們心目中的標準有關的。雖然這些標準都很高，我們未必有能力達到，但是在某種程度上說，我們若能抱有信念，增強對未知世界的認知，一切都是有可能的，而我們的想像力屬於我們創造力的一部分，偶爾放飛想像力，突破思維的限制以及培養我們的心靈洞察力，這或許是非常有利的。保羅聲稱：眼睛不能看見，耳朵不能聽見，二者都未能進入人類的心靈，接觸到上帝為愛他的人所準備好的禮物。聖・約翰也曾經發揮人類的想像力，描繪出天堂的美景。那我們又是否可以瞥見什麼才是理想的拯救？美麗與和諧是一種奇蹟，天堂的陽光又是那麼地光芒四射，輝煌奪目！這對於重聚的靈魂而言是一首多麼和諧溫暖的交響樂！這是一種恢復和補償！這是對偉大的精神活動的介紹！也是對未曾料想到的愛的服務的一種介紹！這對於教育發展史影響深遠的遠景和機遇！神祕感消失了，也緩解了人類的焦慮！揭開被運用了多少的力量！增長了知識，拓寬了視野！這是一份不受時間和空間限制的探索的旅程，精神文明的發展將會一直永恆地傳承下去直到找到終極的目標和理想！

第十七章

老生常談的讚頌

「距離讓我們看見魔法的存在，並且為大山披上蔚藍色的長袍。」

如果對這些事物的所知所感是真實的，那麼這麼一種感知對於現實而言更為突出。人們的心傾向於把神靈及其神聖不可侵犯性當作是遙遠且不可侵犯的。想像力是帶有翅膀的，並在遙遠的歷史迷霧中發現了鼎盛時期。我們突破年齡的先知，推動天堂和諧地發展。我們已經習慣將習以為常的事情看作是平凡乏味的，缺乏了迷人的氣息，而靈魂卻具有遙不可及的神祕感和神聖的遠景。將我們的貢獻構築在遙遠的歷史，忽略實現我們現代無所不在的神聖，這是一個多麼奇怪的錯誤啊！歷史神殿，神聖的文物遺跡，高貴的地方吸收著精華，呼喚著神靈。與其模仿古時候的先知的生活和精神，我們不如為他們打造墓碑，以紀念他們的所作所為。傳統是修復曾經為他們服務的舊城牆的。這是十字軍東征的歷史所給予的有關這種精神的一種實實在在的教訓。一般物質崇拜風像心理學浪潮似的橫掃整個歐洲。這是一種詮釋遠方力量的傳染病。巴勒斯坦是一塊神聖的國土，聖墓大教堂和耶穌的誕生地都是無價之寶。任何異教徒都無法用任何鮮明或者財富將其奪走。數不清的年輕生命也因為這個被犧牲在遊行、饑荒或者是戰爭中。所有發動這些的人最終都受到了

羅馬教皇以及國家最高統治者的制裁,並以和平之王的名義去進行。兒童十字軍東征的巨大慘劇以及接連不斷的災害都不足以冷卻這一般盲目的熱潮,而這股縱跨十一,十二和十三世紀的浪潮有損基督教歐洲的生機。他們利用宗教的名義,犯下了多少滔天罪惡!

傳統的聖潔是如此的簡單和脆弱,以至於我們或許可以畫一個廣大的輪廓,然後填滿每個細節,並且對其表示尊敬。但是那股不受地標限制的先知精神以及詩意的主旨,都發現了永恆的現在中的真理是不受時間和空間限制的。精神世界是既不在於我們昏暗的過去,也不在於遙遠的未來,而在於我們並未能完全意識到的偉大的現實。

還是回到我們這個充滿連繫的自然世界,如果我們可以深入觀察,我們或許會為發生在我們最親近的領域的奇蹟所驚訝、被包圍。現代科學表明,宇宙和太陽系裡的法則和行動規則不僅僅適用於人類世界,微觀世界,而且還適用於原子世界。外在的宇宙並不會比內在的宇宙更為複雜、神奇!有創造性的次序透過所有與其有關的事物和連繫不斷地表現出來。我們在路途上所忽略的種子都有著一般重生的承諾的暗示。我們當作是瑣碎小事的或者是末梢都是宇宙生命的一種有序的表達。「你能不斷尋找,找出上帝嗎」不僅僅主要是透過學習那些遙遠的威武的東西,而且還需要學習那些鄰

近的，自己內在的東西。我們讚頌那些偉大的東西，但是那些無窮小的，微不足道的仍然未得到世人的肯定。一位傑出的科學家最近做出了一個令人吃驚的建議：在我們人類世界之下或許還存在著一個文明的有智慧的分子世界。每一個原子和分子都有著屬於自己的律動和音律，從而組成一首獨特的讚美詩以讚頌創造他們的造物主。

上帝是否在宗教和先知的年代比今天這個時代更加靠近這個世界呢？他是否並沒有像領導猶太民族那樣做出了領導我們的準備？為什麼人們要在黑暗的遙遠的地方去尋找上帝，而不是在光明的地方，鄰近的地方呢？透過錯誤的對比，對過去的不可侵犯的神聖所做出的特殊奉獻已經減少了當代的神聖的價值和美麗。惠迪爾為這些精神模範吶喊：

「過去的種種善良和美麗仍然存留，並且讓我們的時代更為歡樂，我們的日常生活更為神聖，而每一塊領土都是神聖的巴勒斯坦。從此以後，我的心不再嘆息。因為往昔的時光，更神聖的海灘，上帝的慈愛和祝福，當時當地，都已經成為如今隨處可見的財富。」

鄰近的，現在的，都包括著過去和未來的潛力和希望。「每一天，我們都在訴說，」但是我們很少去聆聽。「狹縫中的花朵」如同星河系上的一樣不可思議，完美非凡！大

山與心靈相比，重要性有所下降，因為心靈可以做衡量並且讓其法律變得神聖。如果上帝的形象深深地印刻在人類的靈魂裡，那人類還需要在一段長長的空檔期中苦苦地尋找上帝嗎？「我們敬畏天父的時代已經到來了，既不在於大山，也不在於耶路撒冷……上帝是一種精靈，我們敬畏上帝的同時，也要敬畏精神和真理。」

第十八章

前進中的革命事業

「上帝對摩斯說，為什麼你們要對我哭喊？告訴那些以色列的子民們：前進吧！」

我們要是停下來休息的話。這是對我們體質的一種反抗。過去未曾有過人類終究會恢復靜止的狀態出現，以後也不會有。人類生來就是需要不斷地勇往直前的。真理也是處於一個不斷演變的過程。而以深層意義上說來，上帝也是在不斷地演變。我們到了一個「前景都是光明的」境地，然後認為我們即將可以休息了。但我們在接到拔營繼續征程的命令前都幾乎不可以收起帳篷。

但並非所有看起來是新的東西都是一種真正進步的一部分。我們安全前進中的道路已經是一個設計好的快速通道，但很多「改革者」都期待能夠利用他們發明的靈丹妙藥，取得捷徑以騙過進化改革。人們或許會根據需求引入一套社會秩序，又或者透過某些合法的方式設計出許多經濟的改革道路。只有這麼做，他們才能有機會坐下來休息。這個世界上有很多人相信人類是可以被外界修改的。某些自稱是基督信仰的狂熱分子常常會違反耶穌實踐過的進程，隨意用自己的名義設立一些人為的標準和教條。他們詢問道：「在這個現代化的世界裡，我們身處這些物質化的職位中又能做什麼呢？」然後就自顧自我地做出積極的回應。就像是某些舊時

代的狂熱追隨者那樣，他們會用暴力宣稱自己是國王。而當那種精神再次盛行時，他就會撤回到偏僻的地方退休。

　　將耶穌的精神應用到生活的方方面面是具有極其深刻意義的，並且這確認了耶穌在其職位上的所作所為。他的真正能量在於生命中的簡單。外在改革的必要性，集體罪惡在有限的空間的過度發展從沒有比其所在的日子更多更大。但在認知到這些都是結果而非原因的原則後，他也並沒有對此做出反擊。這就是他的將斧頭放在樹下，以取回超自然的力量，並將此扎根於深深的源頭中。他並不會直接與政治，羅馬規則或者是不完美的機構打交道，而是採取實際的行動。行動只不過是思想和性格的一種表現，並只能在源頭上去得到淨化。在流動著的河流中修築一堵略高的大壩以阻止河流正常流動是白費力氣的。因為河流很快就能恢復之前的狀態。這對於很多關注生命表面的改革者而言，實際可操作性微乎其微。真正的發展並不是膚淺的，也不會受制於物質層面，而在於內在的生命。「上帝的王國並非與觀察一起過來的。」

　　人類的靈魂正在取得比以往任何一個時代還要大的進步，因為他們相信，上帝在他們的心中並且與他們一道前行，而不僅僅是在外面支持他們。我們所遺忘的是上帝正在向人類靠近，而新的思想是上帝處於中心的重要位置。「看

吧，我正在創造著新的東西。」這些讚美詩是在大衛時代代表宗教感受的一種詩意的激勵人心的表達。但是對於今天的人類而言，這寓含於詩中的真理意味著更多。帶著我們在這個宇宙中對上帝的欣賞，以及他在靈魂中的完全顯現，每一種微弱的認知都應當變得更加深入，更為全面。

我們並不需要去攻擊過去有限制的信念。他們曾經有完成過歷史的任務，並且滿足其所在的時代和人類的需求。只不過當人類不斷地向前發展，所擁有的視野更加寬廣的時候，他們才會顯得有些落後。我們還是多關注那些不斷發展著的宇宙趨勢吧！從空間的角度看來，這或許會有助於將行動和發展更加形象化。生命並不僅僅是一種存在，而是在不斷地更新，不斷地創造。透過展望未來，我們可以開發新的感覺，看得更高更遠。我們在不斷地向前發展。當靈魂被釋放的時候，每一個外在的事情都融合在這同樣的過程中。如果年輕一去不復返，就讓我們更加關注其內在的精神、快樂，積極地面對。正是生命中那些微不足道的短暫的細節讓我們裹足不前。我們必須聚集到更多新的偉大的思想，並且為自己披上這些思想的外衣。

生命的真理是在不斷地變化的，因循守舊，頑固不化能夠扼殺我們的靈魂。上帝正在給那些接受他的信徒們提供建議和提示。「看吧，我對你所說的話，對大家也有說過。」忠

於現在的真理以及對今天的願景，能夠為日後更加寬廣的視野的開拓打下很好的基礎。我們的立足點在於我們的前輩們停下來的地方。我們立足於他們差不多要到達的地方。如果我們的大地比之前更加寬廣，那麼天堂也會相應地變得寬廣。

任何成長階段的真正的衡量指標在於上帝的模範。麥糠諾爾博士在其很有價值的書中，「基督」對於之前有關上帝的觀點做了什麼樣的說明：

「他頒布了政令，頒布了法律，指導著事件，召集人員對抗暴亂；他承擔著所有責任；總而言之，他是居於宇宙中心的專制主義的典範……這種關於上帝的觀念是令人滿意的。這與實際生活是密切相關的，也與那些拜倒於上帝膝下的人的思想是一致的。他們的政治生活就是其反映，他們的社交生活是根據君主制度組織的。居於專制的最高點的是國土，而在國王上面的是國王的國王。有趣的是我們發現，宗教的語言是根據專制需要而進行潤飾修改的。」

對於很多人而言，這種偉大的前進趨勢看起來像是一股不確定的洪流，對於已經建立的舊地標而言，這也是一種倒退。真理是否會有輪廓的？如果是我們又該如何將其與圍繞在我們身邊的物體區分開來呢？「守門人，夜晚裡有什麼？」

「光芒和陰影的一閃而過是否能夠預示著一個更新更明亮的明天？是的！這股偉大的洪流正在引領我們走向明天。一條偉大的高速通道正在修整著。而在所有可見的混亂中，準確性真實性並沒有被破壞，重要的原則並沒有消逝，只有那些病態的發展才會被擺脫、丟棄。聖經本身並沒有被遺失，而是被拯救，被恢復至理性的，真實的哲理，邏輯的以及更高級的解說！擺脫無知、迷信和教條！那些無神論者或者是物質主義者偶爾會認為這股洪流是在朝著他們的方向發展的。這是因為他們把宗教的腳手架看作是寺廟本身。當一切無謂的東西都被去掉，一所勻稱美麗的大廈展現在世人面前。

正如一條偉大的河流終將會流入大海一樣，而生命之流終將會朝向上帝。他已經深入人類的靈魂，並且不斷地找出人類獨一無二的神聖典範。人類手牽手，一起跨越泥濘，走向更為堅實的大地。他們透過重生，拯救自我。

只有那些錯誤、不真實的以及不受人們歡迎的謬論才會衰退落後，而真理、愛和善良都會屹立在人類面前，就像是一座威嚴的山峰，我們不斷攀登，終究會到達頂峰。現有的暴亂和騷動只不過是前進發展中的一個額外特徵，我們忽略了其作用只不過是想從外在去實施鎮壓、抑制。精神的力量和新時代的光芒將會從中心輻射到四周，並且點亮我們通往「完美日子」的道路！

電子書購買　　爽讀 APP

國家圖書館出版品預行編目資料

信念的疆界，心靈何處安歇：傳統教義的現代解
讀，尋找靈魂的安寧 / [美] 亨利·伍德（Henry
Wood）著，孔繁秋 譯 . -- 第一版 . -- 臺北市：
崧燁文化事業有限公司 , 2024.05
面；　公分
POD 版
譯自：Life more abundant : scriptural truth
in modern application.
ISBN 978-626-394-308-7(平裝)
1.CST: 聖經研究
241.01　　113006604

信念的疆界，心靈何處安歇：傳統教義的現代解讀，尋找靈魂的安寧

臉書

作　　　者：[美] 亨利·伍德（Henry Wood）
譯　　　者：孔繁秋
發 行 人：黃振庭
出 版 者：崧燁文化事業有限公司
發 行 者：崧燁文化事業有限公司
E - m a i l：sonbookservice@gmail.com
粉 絲 頁：https://www.facebook.com/sonbookss/
網　　　址：https://sonbook.net/
地　　　址：台北市中正區重慶南路一段 61 號 8 樓
8F., No.61, Sec. 1, Chongqing S. Rd., Zhongzheng Dist., Taipei City 100, Taiwan
電　　　話：(02) 2370-3310　　　傳　　　真：(02) 2388-1990
印　　　刷：京峯數位服務有限公司
律 師 顧 問：廣華律師事務所 張珮琦律師

定　　　價：375 元
發 行 日 期：2024 年 05 月第一版
◎本書以 POD 印製

獨家贈品

親愛的讀者歡迎您選購到您喜愛的書，為了感謝您，我們提供了一份禮品，爽讀 app 的電子書無償使用三個月，近萬本書免費提供您享受閱讀的樂趣。

| ios 系統 | 安卓系統 | 讀者贈品 |

請先依照自己的手機型號掃描安裝 APP 註冊，再掃描「讀者贈品」，複製優惠碼至 APP 內兌換

優惠碼（兌換期限 2025/12/30）
READERKUTRA86NWK

爽讀 APP

- 多元書種、萬卷書籍，電子書飽讀服務引領閱讀新浪潮！
- AI 語音助您閱讀，萬本好書任您挑選
- 領取限時優惠碼，三個月沉浸在書海中
- 固定月費無限暢讀，輕鬆打造專屬閱讀時光

不用留下個人資料，只需行動電話認證，不會有任何騷擾或詐騙電話。